Linda Vera Roethlisberger

Im Kontakt mit der inneren Stimme

STUFE 1
PsyQ–
BEWUSST
LEBEN

Linda Vera Roethlisberger

Im Kontakt mit der inneren Stimme

STUFE 1
PsyQ – BEWUSST LEBEN

Geist und Materie in Einklang bringen
Buch 6/6

Trilogos Training für Persönlichkeits-und Bewusstseinsbildung
Ein autodidaktischer TRILOGOS Lehrgang

Wahrnehmen, erkennen, benennen – verantwortungsvoll
und ethisch entscheiden und handeln

Ein spiritueller Individuationsweg:
Sich persönlich entwickeln – ein lebenslanger Prozess

Impressum

Bibliografische Information der Deutschen Nationalbibliothek
Die Deutsche Nationalbibliothek verzeichnet diese Publikation in der Deutschen Nationalbibliografie; detaillierte bibliografische Daten sind im Internet über http://dnb.d-nb.de abrufbar.

Herausgeber: Trilogos Stiftung
Autorin: Linda Vera Roethlisberger, Im Kontakt mit der inneren Stimme, Trilogos Training für Persönlichkeits- und Bewusstseinsbildung / Ein autodidaktischer TRILOGOS Lehrgang

Umschlaggestaltung & Layout: AMBERPRESS, Gosia Warrink und Katja Koeberlin, Berlin
QR-Codes: Stefan Yanku / Audio: Tonstudio Selmi, CH-8055 Zürich

Verlag und Druck:
1. Auflage 2012: Hardcover – Pro Business Verlag book-on-demand, D-13357 Berlin, printed in Germany
2. Auflage 2024: Verlag tredition Hamburg, Halenreie 40-44, 22359 Hamburg, www.tredition.de
ISBN Softcover: 978-3-384-16676-0
ISBN eBook: 978-3-384-16677-7

»Alle Menschen sollten ihre individuellen medialen
und heilerischen – intuitiven – Fähigkeiten entwickeln,
um sie nicht ignoriert – sondern integriert in
ihrem praktischen Alltag, in Bezug zur Ihrer Gesundheit,
in Beziehungen, im Beruf, im Hier und Jetzt auf ganz
natürliche Art und Weise leben zu können.«

Linda Vera Roethlisberger

»Zur Trilogos Methode aus wissenschaftlicher Sicht: Eine Besonderheit der Trilogos Methode ist, dass sie die Grenzen des Wissenschaftlich-Rationalen überschreitet, aber Verbindungslinien zur Wissenschaft sucht und aufrechterhält. Man kann wissenschaftlich argumentieren, dass Wissenschaft nicht ausreicht für Sinnfindung, Motivation und Entscheidung, individuell und kollektiv. Alternative Formen der Erkenntnis, des Gewinnens von Überzeugungen und der daraus resultierenden Kraft sind notwendig. Mit ihren Trainingsangeboten schafft die Trilogos Methode Möglichkeiten, insbesondere ›spirituelle Intelligenz‹ (SQ) zu entwickeln. Diese ergänzt die wohlbekannten rationalen und emotionalen Intelligenzformen (IQ und EQ) und sie steht für die Kompetenz zur Sinnfindung im sozialen und transzendenten Kontext. Die Trilogos Methode kann damit wesentlich zur Schaffung einer Voraussetzung für eine zukunftsfähige Gesellschaft beitragen: der Fähigkeit gemeinsam auf der Basis von Vertrauen und Empathie Entscheidungen zu treffen.«

O. Univ.-Prof. Dr. Roland Fischer,

Alpen-Adria-Universität Wien/Klagenfurt, Interdisziplinäre Forschung

»Verlassen wir mutig altbekannte Ufer, begeben uns auf
die Suche nach unserem eigentlichen, wahren Selbst –
und entwickeln uns darüber hinaus.
In Verantwortung des Einzelnen für das Ganze.«

Linda Vera Roethlisberger

Dieser autodidaktische Lehrgang ist all denen gewidmet, die sich – wie
auch ich – immer wieder staunend von den Zufällen im Leben berühren
und erfreuen lassen, die letztlich keine sind ... und die im Vertrauen auf
ihrem Lebensweg vorausschreiten, im tiefen Wissen darum, dass sich
fügt, was sich fügen soll.

Möge unser inneres Licht unseren Weg immer schön ausleuchten, auf
dass wir diesen im tiefen Vertrauen und in Zuversicht gehen können:
von guten Mächten wunderbar geborgen ... für uns und dadurch für die
anderen.

Inhaltsverzeichnis

Vorwort

Ein erfülltes Leben setzt voraus, sich selbst zu erkennen, sein Potenzial und inneren Frieden zu entwickeln sowie Verantwortung für andere und die Welt um uns zu übernehmen.

Als Menschen tragen wir Gedanken und Gefühle in uns, die unser Leben in hohem Maße bestimmen. Mittels unserer Bewusstheit sind wir in der Lage, uns unserer Gedanken und Gefühle gewahr zu werden; wir sind nicht der Spielball unserer Instinkte und subjektiven Wahrnehmungen, sondern in der Lage, freiheitlich zu entscheiden, wie wir agieren. Denn wir wissen, dass jede unserer Handlungen Reaktionen nach sich zieht, deren Folgen wir oft nicht abschätzen können. Da wir nicht als Einzelwesen auf der Erde existieren, sondern alles Leben miteinander verwoben ist, kommt unseren Handlungen eine weitere Dimension hinzu: die des verantwortungsvollen Umgangs mit uns selbst im Sinne für das Ganze.

Das Trilogos steht für die drei Ebenen des Menschseins: den Intellekt (IQ), die Gefühle (EQ) und die Spiritualität (SQ) jedes Einzelnen. Innerhalb dieser drei Ebenen kann der Mensch sich spiralförmig entwickeln; mithilfe von Intellekt, Emotionalität und Spiritualität entfaltet er sein Bewusstsein und daraus sein schöpferisches Potenzial.

Dies lässt sich anschaulich darstellen in der Formel:

IQ + EQ + SQ = PsyQ

PsyQ führt zu PsyK, der Kompetenz des Menschen, der sich als intelligenzbegabtes Wesen mit Gefühlen und der Anbindung an eine universale Spiritualität darstellt und mithilfe seiner Einsichten sein Leben ethischer und nachhaltiger ausrichtet.

In einer von Umbrüchen und Krisen bewegten Welt empfinden viele Menschen sich des Gleichgewichts aus Verstand, Gefühl, Spiritualität beraubt. Doch es sind nicht nur äußere, sondern auch innere Sinnkrisen, die wir Menschen im Laufe unserer Entwicklung durchlaufen.

Selbst zu Beginn des hochtechnisierten und weltweit vernetzten 21. Jahrtausends ist es uns nicht gelungen, Antworten auf die großen Fragen der Menschheit zu finden. Weder wissen wir, wie das Universum entstand, noch, warum wir existieren und was mit uns nach unserer Existenz geschieht. Hinzu kommen persönliche Krisen, ausgelöst durch die Dinge, die uns im täglichen Leben bewegen, wie unser Berufsalltag, unsere persönlichen Beziehungen, Gesundheit und vieles mehr. Zahlreiche philosophische Modelle, Glaubensrichtungen, psychologische Erklärungen und nicht zuletzt unsere Konsumwirtschaft liefern uns einen Blick auf unsere Welt – doch was ist wirklich? Was ist von Bedeutung?

Wenn wir uns selbst als orientierungslos empfinden, wenn eine Krise oder schlichtweg der Wunsch nach Weiterentwicklung uns bewegen, steht die Entscheidung an, welche Richtung wir einschlagen, um zu innerer Harmonie mit uns und dem großen Ganzen zurückzufinden und neu zu erblühen. Auf dem Weg der spirituellen Individuation können wir in uns schauen und erfahren, dass alles in uns liegt, was wir zur Heilung und Entwicklung benötigen: die Ressourcen unseres Unbewussten, ein gewaltiger Wissensspeicher, der auf unseren unbewussten Erfahrungen und Erkenntnissen basiert und in seiner Fülle mit dem kollektiven Unbewussten sowie feinstofflichen und spirituellen Dimensionen jederzeit verbunden ist.

Um aber mit dem Unbewussten in Kontakt zu treten und sich mit der Schöpferkraft zu verbinden, bedarf es einer ganzheitlichen Wahrnehmung sowie der gemeinsamen Sprache von Bewusstem und Unbewusstem.

Diese Sprache existiert bereits in uns, denn nichts existiert getrennt voneinander. Unsere Bewusstseinsebenen stehen immer dann miteinander im Austausch, wenn wir es zulassen – wie etwa in der tiefen Entspannung, in Träumen, in der Hypnose oder aber in gelenkten Tagträumen, in denen wir bewusst eine andere Ebene der Erfahrung wählen und dem Neuen, dem Ganzheitlichen in uns eine Chance geben, aus den Tiefen unseres Unbewussten aufzusteigen und sich mit unserem gewöhnlichen Verstand, unseren Gefühlen und unserer Spiritualität sowie mit inkarniertem und nicht-inkarniertem Bewusstsein zu verbinden.

Diesen Prozess können wir auch den »Kontakt mit der inneren Stimme« nennen – und ebendies ist das Ziel dieses autodidaktischen Lehrgangs: sich öffnen für die Ebene des eigenen Unbewussten und darüber hinaus, in die transpersonale Ebene hinein – eine gemeinsame Sprache finden, diese Sprache verstehen und schließlich anwenden lernen. Unser Jenseitsbewusstsein unterstützt diesen Prozess. Die Kraft der Intuition und Innovation werden dabei geschult. Denn im Mittelpunkt steht die Entwicklung unserer menschlichen Kompetenz, die Qualität unserer Beziehungen zu anderen und zu unserer Erde und letztendlich die Erkenntnis unseres wahren Selbst und wie es sich in Harmonie mit der Welt um uns herum entfaltet.

Der ganze Trilogos Grundschul-Lehrgang („Im Kontakt mit der inneren Stimme") besteht aus drei Stufen.

Erste Auflage
im 2012 entstand das Buch „Im Kontakt mit der inneren Stimme" Stufe 1. Im 2013 folgten die Stufe 2 und die Stufe 3.

Zweite Auflage
Neu im 2024: die Stufe 1 besteht aus 6 Büchern. Das vorliegende Buch ist das sechste davon.

Für Ihre Arbeit mit dem Buch 6 – Geist und Materie in Einklang bringen (Stufe 1) wünsche ich Ihnen viele spannende, neue und wichtige Bezüge zu Ihrem Alltag.

Küsnacht, im Juni 2024

Linda Vera Roethlisberger

<u>Achtung:</u>
Für „Quereinsteiger", die das Buch 1/6 dieser Serie noch nicht entdeckt haben, wartet auf der Trilogos Website die kostenlose Probelektion „Die goldene Kugel".

<u>https://trilogos.ch/de/basic/probelektion</u>

Und ab der folgenden Seite finden Interessierte die Vollversion dieser 1. Lektion – inkl. ausführlicher

– **Einführung** in den Trilogos Kurs (Stufen 1-3)

– **STUFE 1** / Intuition: Imagination oder Inspiration?

– inkl. einer **kleinen Vorübung.**

Einführung in den Trilogos Kurs (Stufen 1-3)

Die Faszination sowie das Wunder der Magie, der Medialität, des Nichtsichtbaren können auch in Ihr Leben sinn- und wertvermehrend Einzug halten. Ihre natürliche Gabe der magischen Intuition, Ihre Fähigkeit, außer– oder innersinnlich wahrzunehmen, und nicht zuletzt die Symbolsprache, die wichtigste Fremdsprache der Welt, stehen im Zentrum des vorliegenden Lehrgangs, in dem sie behutsam geweckt, geschult und gezielt genutzt werden – immer in Bezug zu Ihrer Weiterentwicklung und Ihrem praktischen Alltag.

Für wen ist dieser Lehrgang gedacht?

Mit diesem **autodidaktischen Lehrgang, der total aus drei Stufen besteht,** richte ich mich an alle, die sich für ihre spirituelle Individuation interessieren. Individuation ist eine persönliche Angelegenheit. Jeder Teilnehmer lernt im Laufe der Übungen – wie die Muttersprache – »seine« ganz individuelle Seelen- oder Symbolsprache kennen, benennen, ausdrücken und in Bezug zu seiner »Welt in der Welt« bringen. Je nach bereits erlebter Erfahrungswelt und Bildungsniveau sind ganz unterschiedliche Lernfelder möglich: **weitere Erklärungen, siehe Glossar.**

- Der eine lernt beispielsweise dadurch seine Wahrnehmung, seine Intuition kennen, benennen, ausdrücken – er kommt in Kontakt mit seiner inneren Stimme und entdeckt mittels seiner persönlichen Symbolsprache Zeichen auf seinem Weg.

- Ein anderer entdeckt dabei sein verletztes Kinderherz und beginnt sich zu fragen: Wie kommt der Mensch überhaupt zu seinen Glaubenssätzen, Prägungen, Überzeugungen, Verhaltensmustern, Traumata?

- Und noch ein anderer erlebt sein schöpferisches Potenzial und will dieses seinen ganz persönlichen Anlagen gemäß sinn- und werterfüllend weiter optimieren: **"Innovation durch Intuition" wird möglich.**

- Die Trilogos Methode kann wesentlich zur Schaffung einer Voraussetzung für eine zukunftsfähige Gesellschaft beitragen: der Fähigkeit, gemeinsam auf der Basis von Vertrauen und Empathie, **Entscheidungen in voller Verantwortung** zu treffen.

Praktische Hinweise zur Arbeit mit dem Lehrgang

Die Übungen in den einzelnen Einheiten schaffen eine Brücke zu Ihrem Unbewussten. Sie können sie als Erstes durchlesen und somit passiv erleben oder, wenn Sie sich direkt und aktiv auf den Prozess einlassen wollen, als Audio-Aufnahme **(QR-Codes)** anhören. Lassen Sie sich nur dann auf die Übungen aktiv ein, wenn Sie sich ausgeglichen und innerlich stabil erleben. Im Zweifelsfall suchen Sie einen Arzt oder Therapeuten Ihres Vertrauens auf. Sie können das Audio-Erlebnis auch später, zu einem anderen Zeitpunkt, anhören. Das passive Erleben, das sich beim Durchlesen einstellt, zeigt ebenfalls eine positive Wirkung.

Die Arbeitsblätter in jeder Einheit (Auswertung von Erlebtem, Assoziationen und Erkenntnisse, Brücken in den Alltag: Umsetzung und Nutzen, Darum geht es ...) helfen Ihnen zu einer strukturierten und sorgfältigen Verarbeitung des Erlebten. Ergänzende Fallbeispiele, Lernziele sowie das jeweilige Kapitel »Quintessenz« sollen Ihnen zusätzlich zu Ihrer Arbeit an sich selbst weitere Erkenntnisse schenken, ebenso die empfohlene Lektüre. Am Ende des Buches finden Sie ein ausführliches Glossar, das Sie mit meinem Gedankengebäude vertraut macht.

Zu Ihrer optimalen Vorbereitung, empfehle ich Ihnen Folgendes:

- **Nutzen Sie die leeren Felder nach jeder Übung für Ihre persönlichen Notizen.**

Legen Sie sich gleich heute schon Ihr eigenes Traumbuch bereit, mit vielen leeren Seiten und geeignetem Schreibwerkzeug. Notieren Sie zusätzlich zu den hier im Lehrbuch aufgeführten Arbeitsblättern Ihre getauchten Perlen – je ausführlicher und detaillierter, desto besser. Sie kreieren damit Ihr eigenes Nachschlagewerk, das Ihnen vor allem später immer wieder helfen wird neue Bezüge und dadurch neue Erkenntnisse über sich selber und Ihren Alltag zu bekommen...

Lassen Sie sich überraschen, was das Leben zu schenken vermag. Wichtige Botschaften von Ihrem Unbewussten an Sie selbst werden Sie immer wieder in Staunen versetzen. Dieser autodidaktische Lehrgang gibt Ihnen einen Leitfaden in die Hand, Ihren Standort zu bestimmen und den Weg zu sich selbst und darüber hinaus zu finden.

Falls es in Ihrem Leben Dinge gibt, die Sie wahrhaftig verändern möchten, wenn Sie wirklich aktiv werden und etwas unternehmen wollen – dann sind Sie nun auf dem richtigen Weg.

Deshalb empfehle ich allen Autodidakten, sich kontinuierlich und im eigenen Rhythmus, immer wieder genügend Raum und Zeit für eine Einheit zu nehmen.

Von Herzen wünsche ich dazu eine Prise Geduld, Disziplin und Ausdauer...

... Man kann einen Menschen nichts lehren, man kann ihm nur helfen,
sich selbst zu entdecken ...
Galileo Galilei

STUFE 1

Intuition: Imagination oder Inspiration?

Die Stufe 1 besteht aus den **Büchern 1 – 6**. Sie lernen Ihre innere Welt bewusst erforschen – Ihre Wahrnehmung, Ihre Phantasien und Vorstellungen, Ihre Wahrheiten. Zum näheren Verständnis folgen als Erstes Definitionen von Intuition, Imagination und Inspiration. Sie sollen Ihnen helfen, bei den praktischen Übungen zwischen diesen drei Bereichen besser unterscheiden zu können.

Dabei lernen Sie Ihre Intuition, Imagination und Inspiration nicht nur zu nutzen, sondern Ihre daraus resultierenden Erfahrungen in Bezug zur äußeren Welt – zu Ihrem Alltag – zu setzen. Auf diese Weise können Intuition, Imagination und Inspiration zu Ihrer Lebensquelle, zum Tor zur ewigen Schöpferkraft und Lebensfreude werden. Zugleich lernen Sie auch die drei Türen Ihrer individuellen psychischen Kraft kennen: 1. Ihre Wahrnehmung (zum Beispiel in Form von erträumten Symbolen), 2. Ihr Gewahrsein und 3. Ihre innere Stimme, die mit Ihnen zu kommunizieren beginnt und Ihnen Impulse sowie eine neue, ganzheitliche Orientierung in der Welt schenkt.

Die Bedeutung der Imagination, Intuition, Inspiration in der Trilogos®Methode: Unbewusstes kann mittels der drei »I« bewusst gemacht werden – die Ichkraft kann aufgebaut werden und in eine optimale Balance kommen.

Imagination ist die Vorstellungs- und Einbildungskraft, also Ihre Fähigkeit, sich »nicht Präsentes« vorzustellen. Dies kann beispielsweise ein Bild sein (stellen Sie sich z. B. das Porträt der Mona Lisa vor – es wird unmittelbar vor Ihrem geistigen Auge erscheinen). Es können aber auch Gerüche, Geschmäcker oder Geräusche sein, die Sie sich vorstellen (z.B. den Geschmack von frisch gebackenem Brot oder den Geruch von Pfefferminze, die Sie mit Ihrem inneren Geschmacks- bzw. Geruchssinn wahrnehmen).

Die Imagination ist die Phantasie des Menschen, die ihn kreativ werden lässt. Allerdings werden Sie sicher schon die Erfahrung gemacht haben, dass Sie sich manches vorgestellt haben und die Realität dann ganz anders ausgesehen hat. Hier beginnt der Unterschied zwischen »Wahn und Wirklichkeit« – dies unterscheiden zu können will mit der Trilogos Methode erlernt werden.

Ihre Imagination gleicht dem Fernseher, mit dem Sie eine Quiz-Show ansehen. Sinnliche, in diesem Fall audiovisuelle Eindrücke können Sie mit dem Fernseher empfangen – allerdings braucht es dazu auch eine Antenne und eine Sendestation. Dazu gleich mehr. *(S. auch Glossar)*

Intuition

Intuition ist das unmittelbare, nicht auf Reflexion beruhende Erkennen, Erfassen eines Sachverhalts oder eines komplexen Vorgangs. Dank Ihrer Intuition kann Ihnen etwas spontan ein- und zufallen. Im Unterschied zur reinen Imagination, durch die Sie sich etwas willentlich und aktiv vorstellen (wie im obigen Beispiel das Bild der Mona Lisa), beruht Intuition auf passivem Wahrnehmen. Ihnen kommt vielleicht ganz unvermittelt ein alter Freund in den Sinn; im nächsten Moment läutet das Telefon, und Ihr Freund ist am Apparat. Ihre innere Stimme hat Ihnen intuitiv den Gedanken an diesen alten Freund mitgeteilt, weil dieser gleich anrufen wird.

Diese Fähigkeit des spontanen, intuitiven Erkennens und des Sich-unmittelbar-Offenbarens will trainiert und als wertvolle Ressource für den Alltag genutzt werden. Ihre Intuition ist wie die Antenne auf dem Hausdach, die verschiedenste Programme empfangen kann – wie auch die Quiz-Show zur besten Sendezeit. *(S. auch Glossar)*

Inspiration

Inspiration ist eine Eingebung (lat. *inspirare* = einhauchen), eine Idee. Diese Eingebungen und Ideen sind unterschiedlichen Ursprungs. Sie können aus Ihrem Unbewussten stammen, von anderen Menschen sowie aus spirituellen, transpersonalen Ebenen.

Zusammengefasst ist Inspiration ein geistiger, schöpferischer Impuls, der scheinbar unvermittelt, spontan ins Bewusstsein tritt – und intuitiv sowie sinnlich wahrgenommen werden kann.

Um sich dies leichter vorstellen zu können, nochmals zurück zur Quiz-Show: Damit Sie diese ansehen können, brauchen Sie, wie oben beschrieben, einen Fernseher (im übertragenen Sinn ist dies Ihre Imagination, der innere Monitor). Um die Quiz-Show empfangen zu können, brauchen Sie eine Antenne am Hausdach (im übertragenen Sinn ist dies Ihre Intuition, Ihr innerer Radar). Es braucht aber auch eine Fernsehstation, die die Quiz-Show überhaupt sendet (im übertragenen Sinn die Inspiration bzw. die Quelle der Inspiration). Fehlt einer dieser drei Parameter (Fernseher, Antenne, Sendestation), so kann die Quiz-Show nicht empfangen werden. Deshalb gehören Imagination – Intuition – Inspiration zusammen und sind dennoch voneinander verschieden. *(S. auch Glossar)*

Buch 6

Geist und Materie in Einklang bringen

In diesem 6. Buch, bestehend aus 4 Einheiten, wird die Spiritualität weiter erforscht und erfahren. Spiritualität will dem Lebenskünstler, dem Mit-Schöpfer und Wissen-Schaffenden, immer wieder alt-neue Tore öffnen.

In Verbindung mit dem höheren Selbst, dem wahren Selbst und dem Logo entwickeln sich die Egokräfte zu Ichkräften und kommen in Einklang mit dem höheren Selbst: Mein Wille und DEIN Wille geschehe.

Impulse zur Verantwortung des Einzelnen für all sein Tun und Lassen bekommen durch das Trilogos Training einen neuen Stellenwert. Freud und Leid kommen in ein neues Gleichgewicht: Es geschehen immer mehr Zeichen und Wunder im praktischen Alltag. Auch Sie sind der Schmied Ihres eigenen Glücks.

Die Entwicklung des Einzelnen wirkt sich zudem positiv auf seine Umgebung aus: Wer Harmonie und Selbstverantwortung in sich trägt, strahlt dies auch auf seine Umwelt aus, denn er ist mit dem Ganzen zu jeder Zeit vernetzt – er wirkt und bewirkt, sät und erntet entsprechend.

Ziele des Buches

- Verbindung zwischen Geist und Materie erkennen

- Ideen und Vorsätze kreativ umsetzen

- Durch geistige Arbeit Sinn- und Werterfüllung finden

- Freud und Leid sind im Gleichgewicht: So wie es ist, ist es gut.

Das Einmaleins der Trilogos Methode: Erkennen, benennen, verantwortungsvoll entscheiden und handeln

Wie oft fällt es Ihnen schwer, Entscheidungen zu treffen? Das Herz sagt ja, der Verstand meint nein. Sie denken in eine Richtung, fühlen in eine andere Richtung, und wo bleibt das Vertrauen, dass Sie richtig entscheiden und »es« deshalb gut wird? Alle drei Grundfähigkeiten (denken, fühlen, glauben) laufen über die Zentrale »menschlicher Verstand« und sind an der Entscheidungsfindung beteiligt. Gerade in heiklen oder schwierigen Entscheidungssituationen »meint« jede dieser drei Grundfähigkeiten, für sich alleine »arbeiten zu müssen«. Häufig versucht unser schnelles Unbewusstes, eine dieser Grundfähigkeiten auszuklammern, betont rational oder emotional zu entscheiden. Man denke nur an die Angst: Ein Auslöser (meist durch ein Sinnesorgan) produziert binnen Millisekunden Gedanken und Gefühle, die sich die »Hand« geben. Entsprechend seiner bereits erlösten oder noch nicht erlösten Energien im Unbewussten agiert, reagiert oder entscheidet dann der Mensch: Sein mehr oder weniger entwickelter PsyQ ist richtungsweisend.

Wäre es nicht viel angenehmer, wenn Entscheidungen direkter, ganzheitlich und stimmig – eben »ganzen« und nicht »gespaltenen Herzens« – gefällt werden könnten?

Die drei Grundfähigkeiten, das Denken, das Fühlen und das Glauben/ Vertrauen in optimaler Balance zu erfahren, ist das zentrale Anliegen der Trilogos Methode.

Die innere Erfahrung und Gewissheit verhilft zu zunehmend authentischeren Hatungen und Entscheidungen – zu wahrhaftigem, schlichtem und einfachem Wirken und Bewirken aus den Kräften der Liebe, der Güte und dem Wohlwollen heraus. Sie lässt sich, wie Sie bereits wissen, in eine einfache Formel bringen: IQ+EQ+SQ=PsyQ.

Der PsyQ ist die psychospirituelle Intelligenz oder auch das menschliche Potenzial. Ihn zu entwickeln ist für uns Menschen deshalb so bedeutsam, weil in lebenden Systemen, also auch in uns, eine optimale Kohärenz herrscht, wenn die Teile synchron wirken: wir stehen in Verbindung mit bewussten und unbewussten Inhalten. Die Energien der Teile ergänzen sich. Dieses Gleichgewicht wirkt sich auch entsprechend auf die Körperfunktionen aus.[1,2] Geist und Materie sind im Einklang – die Lebensfreude und dadurch die Sinn- und Werterfüllung erwachen.

Phänomene, bei denen der Geist die Materie beeinflusst, werden beleuchtet. Mögen diese als Zeugnis des Machbaren, Erlebbaren und Möglichen dazu dienen, die eigenen emotionalen, mentalen und spirituellen Anlagen so zu trainieren, dass der individuelle Alltag (Gesundheit, Beziehung, Beruf) tagtäglich »zum kleinen Wunder« erblühen darf. **Vorführung – Rückführung – zeitlos**, Träume können sich endlos entfalten: Der Mystiker im Menschen beginnt mit der bewusst werdenden äußeren und inneren Wahrnehmung zu erwachen. Das Unbewusste steigt nach oben und kann mit dem Bewusstsein proben ... denn auch Letzteres ist den Versuchungen des Schattens ausgesetzt – auch seine innere Reife wird im Feuer geschmiedet. Der bewusst seelisch-geistig sich Entwickelnde oder trilogisch-medial Übende erkennt immer mehr, dass die Auseinandersetzung mit der unentwickelten Seite der Seele bereits die Lösung in sich birgt. Dort, wo sich die Gegensätze vereinigen, wo das Dunkle gesehen, verwandelt und integriert wird, entsteht das Potenzial zu einem höheren Bewusstsein – zu Entwicklung, zu realer Selbsteinschätzung, zu innerem Wachstum und Reichtum. Der Lebenssinn oder die Entfaltung der Persönlichkeit (die psychospirituelle Suche) wird mit Hilfe der persönlichen Kreativität und der Intuition (PsyQ) gefunden. So kann das Leben zunehmend leichter und schwungvoller gelebt werden – selbstverantwortlich und aus der Ganzheit heraus. Die Selbstaktualisierung und Selbstmotivation ist das erste Ziel (IQ+EQ). Das heißt, das individuelle menschliche Potenzial will sich entfalten, um sinnvolle Arbeit in der polaren Welt zu leisten und liebevolle Beziehungen mit anderen

---

1   vgl. Doc Childre: Die Herzintelligenz entdecken. Freiburg 1999

2   Systeme in Balance – Wege zur Integration durch PsyQ, Ein Beitrag zum EU-Jahr des Interkulturellen Dialoges 2008-06-06, von Karin Bliemel, Trilogos Verlag, Zürich 2006

einzugehen. Der Glaube daran kann Berge versetzen (SQ) – das einende Bewusstsein, das Einssein mit allen Dingen und die innerste Identität als gottbeseeltes Wesen voller Licht und Liebe wollen erfahren werden: Die Integration des SQ in Gedanken und Gefühle (PsyQ) lässt wirklich und wahrhaftig den Eigenantrieb und dadurch die Selbststeuerung sowie Selbstverantwortung des Mit-Schöpfers erkennen – das Herz beginnt zu sehen.

»Das wichtigste Motiv für die Arbeit in der Schule und im Leben ist die Freude an der Arbeit, die Freude an ihrem Ergebnis und die Erkenntnis ihres Wertes für die Gemeinschaft.«

Albert Einstein

»Ihre letzte Frage nach dem ›eigentlichen Ziel‹ meiner Arbeit ist am schwersten zu beantworten. Ich sage einfach: Freude.«

Thomas Mann

Die **Eingeschränktheit des menschlichen Bewusstseins erzeugt die Gegenwart** – die Gegenwart ist jetzt: Die Freude an der Arbeit gestaltet sie.

Ein kleines Experiment zum Start

Nehmen Sie sich einen Moment Zeit. Schließen Sie die Augen, und stellen Sie sich eine Rose vor ...

Vorstellungsver-mögen

Ist es Ihnen gelungen? Konnten Sie sich eine Rose vorstellen? Dann haben Sie **das erste wichtige Werkzeug** für diesen autodidaktischen Lehrgang entdeckt: **Ihr Vorstellungsvermögen.**

Wahrnehmungs-vermögen

Sie konnten sich eine Rose innerlich vorstellen und diese innerlich auch wahrnehmen? Dann sind Sie der Rose **gewahr geworden.** Damit haben Sie auch **das zweite wichtige Werkzeug** entdeckt: **Ihr Wahrnehmungs-vermögen.** Ihre wahrgenommene Rose ist ein »passiver« Vorgang, der Sie überrascht und eingeladen hat, »aktiv« zu werden und sich die un-erwartete Rose innerlich vorzustellen.

Ausdrucksvermögen

Erinnern Sie sich an Ihre innerlich wahrgenommene Rose, und be-schreiben oder zeichnen Sie nun Ihre Rose in allen Einzelheiten: Farbe, Form, Größe, Dichte der Blüte, Stacheln, Blätter usw. Dies ist **das dritte wichtige Werkzeug** für diesen Lehrgang: **Ihr Ausdrucksvermögen.** Sie können innerlich Wahrgenommenes, also **Ihre Gedanken und Gefühle, Ideen oder Symbole der inneren Empfindungswelt** nach außen tra-gen. Sie bringen Inneres, in diesem Fall Ihre persönliche Rose, von Ihrer inneren Welt, von der Welt der Vorstellung und der Wahrnehmung, in Ihre äußere Welt, indem Sie die Rose auf Ihre Weise beschreiben.

Erinnern Sie sich erneut zurück: Haben Sie die Blütenblätter Ihrer Rose erfühlt oder gar ihre Stacheln? Konnten Sie vielleicht das Geräusch hö-ren, das entsteht, wenn der Gärtner Rosen schneidet? Oder ist Ihnen schlicht und einfach eine Idee zugefallen oder einfach eine bestimmte Rose in den Sinn gekommen? Konnten Sie eine Rose in ihrer Form und Farbe innerlich sehen oder ihren Duft riechen?

Die medialen Sinne: die innere Wahr-nehmungsfähigkeit

So wie Sie mit Ihren fünf äußeren Sinnesorganen, also Augen, Ohren, Haut, Nase, Zunge, wahrnehmen können, können Sie auch innerlich wahrnehmen: Sie haben es gerade mit Ihrer Rose getan. Durch dieses kleine Experiment ist Ihnen vielleicht bereits Ihre **Empfindungswelt,**

Ihre innere Welt, bewusst geworden. Diese nehmen Sie durch Ihre inneren Sinne wahr: **innerlich sehen, hören, fühlen, riechen, schmecken, wissen** – Ihr sinnlicher Draht zur geistigen Welt.

Wenn mehrere Personen das »Rosenexperiment« machen und jeder seine Rose beschreibt, wird Ihnen eines auffallen: Keine der Rosen ist genau gleich, alle sind individuell. Warum? Ihre Rose ist ein Ausdruck Ihrer ganz individuellen Gedanken- und Gefühlseindrücke, sie ist ein Ausdruck Ihrer inneren Welt bzw. Ihrer seelisch-geistigen Kraft, Ihrer Psyche.

Wahrheit interpretieren

Aus diesem Grund hat die von Ihnen wahrgenommene und beschriebene Rose nur mit Ihnen und mit gar niemand anderem zu tun. Deshalb ist es für Sie wichtig, ob Sie selbst eine offene oder eine geschlossene, eine rote oder eine weiße, eine stark oder eher zartromantisch duftende Rose oder auch eine ganz andere Art Rose wahrgenommen haben. Was könnte es jetzt mit Ihnen zu tun haben, wenn Sie beispielsweise eine halb offene Rose erlebt haben? Vielleicht heißt es, dass bei Ihnen etwas bereits angefangen hat und noch zur Blüte gebracht werden, also noch vollendet werden will?

Es gibt so viele Interpretationen der Wahrheit und der Wirklichkeit wie Menschen

Ihre Rose entspricht Ihrer ganz eigenen inneren Welt und Ihrer Wirklichkeit, Ihrem ganz persönlichen Bewusstseinsstand, und entsprechend beschreiben und deuten Sie diese. Was Ihre Rose konkret für Sie bedeutet, wissen – erahnen und spüren – nur Sie. Ihre Wahrheit über die Bedeutung Ihrer Rose für Sie selbst liegt einzig und allein bei Ihnen. Sie erleben, was für Sie intuitiv stimmig ist. Andere Menschen können Anregungen geben, aber lassen Sie sich nicht be-irren ... Denn es gibt mindestens so viele Interpretationen der Wahrheit, wie es Menschen gibt – und demzufolge ebenso viele Wirklichkeiten.

Wahrnehmung ist individuell

Die Welt unserer Imagination ist reich und weise. Wenn wir lernen, in sie einzutauchen, können wir viele Schätze bergen und etliches über uns selbst erfahren. Wichtig dabei ist, dass wir diszipliniert vorgehen, um uns nicht in Traumwelten zu verlieren. Jede einzelne Übung hat einen Indikator, der uns zeigt, ob wir auf dem richtigen Weg sind: unser Wohlgefühl. Gerade wenn wir allein üben, müssen wir mit uns die

Abmachung eingehen, uns immer im Rahmen unseres Wohlgefühls zu bewegen. Das betrifft sowohl körperliche Entspannung als auch die geführten Phantasiereisen.

Bei der Tiefenentspannung, die den Übungen vorangeht, lassen wir Verspannungen los. Diese Verspannungen können sich im Laufe des Tages zum Beispiel durch Stress gebildet haben, vielleicht auch durch eine falsche Bewegung und vieles mehr. Manche Verspannungen aber sitzen tief; vielleicht gehen wir schon seit Jahren »in Deckung«, befinden uns in einer Verteidigungshaltung oder schützen instinktiv einen Bereich unseres Körpers, dem physischer oder seelischer Schmerz zugefügt wurde. In der Körpertherapie spricht man vom Körperpanzer; dies meint v. a. jene Verhärtungen in der Muskulatur, in denen sich ein tiefer Schmerz niedergeschlagen und festgesetzt hat.

Wenn wir uns nun bewusst entspannen, kann es sein, dass wir im Laufe der Zeit an diese Bereiche rühren. Vergessen geglaubte Traumata können erinnert werden, denn unser Körper hat sie gespeichert. In vielen Fällen ist es ausreichend, diese Stellen unseres Körpers mit goldenem Licht zu bedenken und ihnen so auf sanfte Weise zu erlauben, sich zu lösen. Wir heilen die Vergangenheit und lassen sie los.

Sollten Sie darüber hinaus starke Gefühle von Unwohlsein empfinden und die Erinnerung an Vergangenes Sie zu sehr schmerzen, ist es an der Zeit, Verantwortung für sich zu übernehmen und sich professionelle Hilfe, etwa durch das Trilogos-Team, durch einen Arzt oder Therapeuten Ihres Vertrauens, zu suchen.

Wichtig: In all unseren Übungen bewegen wir uns im Rahmen unseres eigenen Wohlgefühls.

Kehren wir zu unserer Rose zurück. Eine einfache Übung – die uns im Weiteren noch viel zeigen kann.

Auch bei der Rosenübung ist Disziplin notwendig. Wir begeben uns auf eine Reise und sind dabei – wie in den folgenden Übungen – unser eigener Reiseleiter. Demnach sind wir auch hier für uns verantwortlich.

Und wieder gilt: Die Reise soll sich angenehm für uns anfühlen. Und: Wir haben in jedem Moment die Möglichkeit, den Verlauf der Reise zu verändern oder abzubrechen, wenn wir uns nicht wohlfühlen sollten.

Das geht ganz einfach: Wir atmen tief durch und richten unsere Aufmerksamkeit auf unsere Füße und wie sie den Boden berühren. Vielleicht bewegen wir ein klein wenig die Zehen. Und während wir den Boden unter unseren Füßen spüren, kehren wir mit drei tiefen Atemzügen zurück in unsere reale Welt. Wir spüren unseren Körper mehr und mehr, öffnen die Augen und sind angekommen in der Gegenwart.

Lassen Sie uns die Rosenübung ein wenig vertiefen.

Wir schließen die Augen wie zuvor und stellen uns in unserer Phantasie eine Rose vor. Wir betrachten sie genauer, den Stiel, die Blätter, ... hat sie Dornen? Dann die Blüte: Ist sie schon geöffnet? Welche Farbe haben die Blütenblätter? Entströmt ihnen vielleicht ein zarter Duft?

Während wir die Rose betrachten, bemerken wir ein Stück vor uns einen Rosenbusch. Und es ist nicht nur ein einzelner Busch ... er gehört zu einer ganzen Hecke blühender Rosen. Ein lieblicher Duft weht in der Luft, und langsam bewegen wir uns auf die Hecke zu. Vielleicht hören wir ein Summen von Hummeln oder Bienen, die ein Stück weiter entfernt die Blüten umschwirren. Es mag sein, dass wir gern wüssten, was hinter der Hecke ist. Führt da nicht ein Weg hindurch? Doch wir sehen die Dornen und beschließen, uns an dem zu erfreuen, was wir vor uns sehen: ungezählte Blüten, manche offen, manche noch knospend.

Wir nehmen einen tiefen Atemzug und dann noch einen. So tief, dass er in unseren ganzen Körper zu strömen scheint. Und wir spüren unsere Füße, bewegen ein wenig die Fußzehen ... und atmen wieder tief durch. Langsam lösen wir uns aus der Welt der Imagination und kehren zurück in den Raum, in dem wir die ganze Zeit über sicher und geborgen waren. Wir tragen ein Wohlgefühl mit uns in den Alltag hinein ... als würde der Duft der Rosen uns begleiten.

Auswertung

Wie sah Ihre Rose aus? Erinnern Sie sich?

Und der Rosenbusch? Waren die Blüten offen? Oder hat Ihr Rosenbusch Knospen gehabt? Waren die Blüten vielleicht verwelkt oder abgefallen?

Welche Gefühle verbinden Sie mit dem Gesehenen? Welche Gedanken?

Ist es Ihnen leichtgefallen, die Hecke aus Rosen zu sehen? War es eine dichte Hecke? War sie hoch oder so niedrig, dass Sie darüberschauen konnten?

Hatte Ihre Hecke Dornen? Welche Gefühle verbinden Sie damit?

....

....

....

Ist es Ihnen leichtgefallen, den Weg durch die Hecke nicht zu nehmen? Oder war Ihre Neugier größer? Hätten Sie sich gescheut, sich an den Dornen wehzutun? Haben Sie vielleicht gar den Weg durch die Hecke fortgesetzt, statt der Übung zu folgen?

....

....

....

Ist es Ihnen gelungen, tiefe Atemzüge zu tun, Ihre Füße zu spüren und zurückzukehren? Wie haben Sie sich gefühlt, als Sie die Augen geöffnet haben?

....

....

....

Bei der Rosenübung haben wir zweierlei Werkzeuge zu handhaben gelernt:

1. Wir haben unsere Reise geführt: Wir sind nicht in die Nähe der Bienen gegangen, wo wir vielleicht gestochen worden wären, und wir haben auch nicht den Weg durch die Dornen genommen.

2. Wir sind alleinverantwortlich zurückgekehrt in unsere Realität: Auch wenn es noch so verlockend war, im Rosengarten zu verweilen, haben wir buchstäblich den Boden unter unseren Füßen gespürt und sind mithilfe des bewussten Atmens in unseren Körper und die physische Umgebung zurückgekehrt.

Beides sind wichtige Werkzeuge für die verantwortungsvolle Arbeit an sich selbst.

In den folgenden Übungen werden Sie immer wieder darauf zurückgreifen.

Sie können die Rosenübung immer wiederholen, wenn Ihnen danach ist. Vielleicht brauchen Sie inmitten des hektischen Alltags eine kleine Pause und ziehen sich in Ihren Rosengarten zurück.

Vielleicht möchten Sie sich auch vor dem Schlaf entspannen. Keine Sorge, wenn Sie über der Übung einschlafen sollten: Dann holt sich der Körper einfach, was er braucht, und Sie wachen später erholt wieder auf.

Je stärker Sie mit den Übungen dieses Lehrgangs und der Symbolsprache Ihres Geistes vertraut werden, desto mehr werden die inneren Erlebnisse während dieser kleinen Übung Ihnen über Sie selbst verraten. Viele Bilder sind geprägt von unserer momentanen Stimmung. Haben wir gerade einen Verlust erlitten, kann es sein, dass wir mehr Dornen sehen als Blütenblätter. Vielleicht befinden wir uns aber auch in einer Phase der Traurigkeit, doch wenn wir genauer hinsehen, bemerken wir erste Knospen an den Rosenbüschen – Zeichen der inneren Gewissheit, dass das Leben uns weiterträgt und etwas Neues beginnt.

Kontemplieren Sie ein wenig über die Bilder, die Sie gesehen haben. Ihr Inneres weiß bereits, wie sie auszudeuten sind.

Sollten Sie der Übung nicht gefolgt sein, sondern sich auf den Weg durch die Dornen gemacht haben, so haben Sie den gesteckten Rahmen verlassen. Doch die innere Abmachung für jeden, der diesen Lehrgang absolviert, besagt, dass wir uns immer im Rahmen des Wohlgefühls bewegen. In diesem Falle überlegen Sie bitte, ob dieser Lehrgang für Sie der richtige ist. Nur wenn Sie bereit sind, sich auf den vorgegebenen Pfaden zu bewegen, können Sie die Übungen zu Ihrem Besten absolvieren.

Sind Sie neugierig geworden?

Vielleicht merken Sie bereits wie spannend es ist, sich auf innerliche Ideen, Impulse, Gedankenblitze einzulassen. Wie Sie soeben mit dem Rosenbeispiel erlebt haben, offenbaren sich Ihnen Letztere ganz ähnlich, wie Sie dies von Nachtträumen her kennen.

Bei den weiteren Übungen dieses Lehrgangs wird Sie ein geistiger Helfer oder eine geistige Helferin begleiten. Wer dieser Bote ist und wofür er steht, lernen Sie in der ersten Einheit dieses Buches.

Mit diesem Lehrgang ...

... trainieren und verfeinern Sie Ihre urpersönliche, ganz eigene subjektive Wahrnehmung.

Aufgabe dieses Lehrmittels

1. Sie lernen Ideen und Assoziationen zum Wahrgenommenen kreieren

2. Sie stellen ganzheitliche Bezüge (aus der Kraft Ihres PsyQ) zu Ihrem Alltag her

3. Sie treffen verantwortungsvolle Entscheidungen

4. Sie erleben und erkennen neue Handlungsmöglichkeiten für Ihre drei Lebensbereiche: Gesundheit, Beziehung(en), Beruf (oder Berufung).

Der einzelne Mensch, der an sich arbeiten und den Weg seiner Individuation beschreiten will, steht hier im Mittelpunkt. Dieser will sein Leben »stimmig« machen, denn er entdeckt, dass, wenn es »in ihm stimmt«, wenn er sich öffnet und bereit ist, »seinen roten Faden und seine Perlen« zu finden, er aus sich heraus wichtige Impulse erhält, wie er persönlich seine Bestimmung, Aufgabe und Berufung miteinander in Einklang bringen kann. Individuation ist kein »Ego-Trip«, aber auch keine »Selbstaufgabe«, sondern der Weg zum Individuum, das ein verantwortungsvolles Mitglied der Gesellschaft ist: Mit-Schöpfer, Mit-Gestalter, Mit-Mensch werden, sein und bleiben – um möglichst bald über sich selbst hinauswachsen und dienen zu können – ist die Devise.

Einheit 1

Wahrnehmungsschulung, Gewissens- und Charakterbildung durch IQ+EQ+SQ=PsyQ

1. Darum geht es

Die Trilogos Methode ist ein Ansatz, der Prozesse der Individuation sowie Integration und der Bewusstseinsentwicklung beim Einzelnen sowie im Kollektiv auslösen will, wie Sie es in den vorangegangenen fünf Büchern erlebt haben. Im Trilogos Training nutzen Sie die rationalen, emotionalen und spirituellen Ebenen für ganzheitliche Selbsterkenntnisse (IQ + EQ + SQ = PsyQ). Als Hilfsmittel dienen Übungen, die sich mit persönlichen, zwischenmenschlichen und spirituellen Ebenen auseinandersetzen. Im Zentrum steht immer das Individuum, denn es deutet, interpretiert die Wahrnehmung und stellt die Bezüge zu den eigenen Lebensbereichen her – es kreiert seinen eigenen Glauben in dieser Welt. Eine der »goldenen Regeln« der Trilogos Methode lautet: Wenn du einen Schritt vorwärts zu machen versuchst in der Erkenntnis medialer, spiritueller Wahrheiten, so mache zugleich drei Schritte vorwärts in der Vervollkommnung deines Charakters und deiner Persönlichkeit zum Guten: Sei geduldig, diszipliniert, ausdauernd und bescheiden mit dir und deiner Welt.

Ganzheitliche Selbsterkenntnisse

Bewusst Mit-Schöpfer und -Gestalter sein

Nennen Sie praktische Beispiele aus Ihrer reichen Lebenserfahrung, die Ihnen geholfen haben oder helfen, Selbstvertrauen, Mut und Standfestigkeit zu erlangen.

Schildern Sie, wo in Ihrem Leben Sie wahre Seelengröße bewiesen haben.

Beurteilen Sie Ihre gesunde und sichere Urteilskraft.

Beurteilen Sie, wie gut es Ihnen schon gelingt, alle Vorurteile fallenzulassen (Selbsteinschätzung).

Beurteilen Sie, wie gut es Ihnen schon gelingt, nicht werten, bewerten zu müssen und gleichzeitig doch Ihre ganz klare, persönliche Meinung über etwas zu haben (Selbsteinschätzung).

Alles ist in deine Hand gelegt, nichts veranlasst dich zum Handeln, ganz allein aus dir heraus musst du deinen Weg finden ...

Wann und wobei gelingt es Ihnen besonders gut, Ihre Mit-Schöpfer- und Gestalterkraft zu aktivieren und zu leben?

Notieren Sie, wann und bei welchen Tätigkeiten es Ihnen noch nicht optimal gelingt, Mit-Schöpfer zu sein.

»Glück« ist für Sie ...

Notieren Sie Erlebnisse und Tätigkeiten, bei denen Sie sich als Werkzeug der großen Schöpferkraft erleben.

Was bedeutet für Sie »Freude an der Arbeit«?

Verbindung zwischen Bewusstseinsschulung und Persönlichkeitsentwicklung erkennen

»An den Taten erkennst du die Früchte«

Letztlich ist es die Haltung hinter der Haltung, die zählt, oder – um es mit Kant zu formulieren –, gut kann allein nur der Wille sein. Nichtsdestoweniger sind es letztlich nur Taten, die die Welt verändern. Erst wenn sich unser Denken, Fühlen und Glauben in unserem ganzheitlichen Handeln ausdrückt, manifestiert es sich auch in unserer Umwelt. Und dies geschieht ständig, bewusst oder unbewusst, ob wir es wollen oder nicht. Je bewusster wir dies aber tun, desto reifere und prächtigere Früchte werden unsere Taten tragen – ganz nach der alten Volksweisheit »Was du säst, wirst du ernten« (vgl. dazu Stufe 2, Buch 5).

2. Erlebnis – Unsere Erde als Schulhaus

In dieser Übung wird Ihnen einmal mehr bewusst, dass es die praktische Umsetzung der geistigen Erkenntnis im Alltag ist, die zum Ziel werden will. Oft stellt sich der Alltag als Prüfung dar, doch wenn Sie Brücken zum Unbewussten herstellen und über Ihre Ressourcen verfügen lernen, werden diese Prüfsteine zu Wegmarken.

Letztlich ist es der tiefere Sinn dieses autodidaktischen Lehrgangs, mittels der Trilogos Methode eine Hilfe zur Selbsthilfe auf seelisch-geistigem Gebiet zu erlangen.

Der Prozess von den Gedanken zu den Taten ist wichtig, denn: »An den Taten erkennst du die Früchte ...«.

Audio – 19. Übung »Unsere Erde als Schulhaus«

1. Körper entspannen

1. Grundstufe

Ich möchte Sie nun bei dieser Übung wieder einladen, es sich auf Ihrem Stuhl bequem zu machen. Alle Kleidungsstücke, die Sie vielleicht noch einengen könnten, lockern Sie. Schließen Sie die Augen, und atmen Sie ein paar Mal tief ein und aus. Durch das tiefe Ein- und Ausatmen können Sie mehr und mehr loslassen, was Sie heute schon alles erlebt haben. Ruhiger und ruhiger können Sie werden. Auch die Geräusche um Sie herum interessieren Sie immer weniger ... Ihre physischen Sinne entspannen sich. Immer mehr können Sie sich abwenden vom Außen und in sich hineinhören. Nur meine Stimme wird Sie ständig begleiten – ich danke Ihnen für Ihr Vertrauen.

Ihr ganzer Körper kann sich nun immer tiefer entspannen. Sie können fühlen, wie Sie mit Ihren Fußsohlen guten Bodenkontakt haben und wie Sie dadurch auch sicheren Halt erfahren können. Und dieses Gefühl des sicheren Halts kann sich nun weiter und weiter auf Ihren ganzen Körper ausbreiten. Sie werden dadurch lockerer und lockerer, und eventuelle Blockaden lösen sich mehr und mehr auf. Ein wohliges Gefühl entfaltet sich auf diese Weise immer mehr in Ihrem ganzen Körper. Sie spüren, wie auch in Ihrem Becken und Bauch mehr und mehr Entspannung einkehren kann. Mehr und mehr lassen Sie los, sodass immer mehr ein harmonischer Zustand in Ihnen einkehren kann.

Auch die Muskeln der Arme und Hände dürfen sich jetzt entspannen. Spüren Sie, wie dieses Gefühl der Entspannung von den Armen aufwärts in Ihren Nacken steigt, wie Zentimeter für Zentimeter sich die Entspannung in Ihren ganzen Körper ausbreitet, bis zu Ihrem Kopf hinauf ... Ruhiger und ruhiger wird es nun in Ihnen und um Sie herum.

Um Ihrem Körper nun noch mehr Erholung zu gönnen, lassen Sie ihn nun für eine Weile einschlafen. Aber Ihr Geist bleibt hellwach, und Sie richten Ihre Wahrnehmung nun vermehrt auf Ihre Gedanken und Gefühle.

2. Grundstufe

2. Gedanken und Gefühle zur Ruhe kommen lassen

Auch in Ihrem Denken und Fühlen darf nun Ruhe einkehren ... Alles, was Sie bis vor Kurzem bewegt hat, alles, was Sie im Moment nicht brauchen, wird jetzt ruhiger und ruhiger. Eine harmonische Balance zwischen Körper, Geist und Seele kann sich immer leichter in Ihnen einstellen. Mehr und mehr finden Sie eine tiefe Ausgeglichenheit, Harmonie und Frieden in sich.

3. Grundstufe

3. Sich mit dem Höchsten/der Schöpferkraft verbinden

In tiefer Verbundenheit mit dem Höchsten erwachen Sie nun an einem lauen Sommerabend auf einer schönen Terrasse am großen Ozean sitzend – in der ruhigen Natur ... Genießen Sie das Verbundensein mit der Schöpferkraft, mit dem ewigen Leben ... genießen Sie die Ruhe, die stille Zufriedenheit, das Sein.

4. Die innere Welt erwacht, dem geistigen Helfer begegnen

4. Grundstufe

Begrüßen Sie jetzt auch wieder Ihren geistigen Helfer, den Sie neben sich wahrnehmen können. Glauben Sie an und vertrauen Sie in die gute Kraft, die aus der bedingungslosen Liebe kommt.

Wenn Sie nun weiter in dieser Verbundenheit verweilen und entspannen möchten, können Sie dies gerne tun – so wie Sie es fühlen, so wie es für Sie stimmig ist, ist es richtig, und Ihr geistiger Helfer wird die ganze Zeit bei Ihnen sein. Vielleicht möchten Sie aber auch gemeinsam mit dem geistigen Helfer innerlich arbeiten und mit ihm auf eine weitere Erlebnisreise gehen ...

Und während sich dieser harmonische Zustand der Entspannung mehr und mehr in Ihnen ausbreitet, ziehen Sie symbolisch von links nach rechts einen blauen Vorhang vor. Sie lassen alles dahinter zurück, was Sie im Moment nicht brauchen. Sie können es dann später wieder hier abholen. Und mehr und mehr können Sie sich auf Ihre innere Mitte konzentrieren, die nun für Sie wieder wahrnehmbar wird. Sie merken, wie jetzt in Ihrer inneren Mitte symbolisch Ihr Götterfunke zu leuchten beginnt. Dadurch können Sie sich wieder mehr und mehr der ewigen Verbundenheit mit der göttlichen Schöpferkraft bewusst werden ... Machen Sie jetzt wieder Ihr persönliches Gebet, Ihre Religio ... Durch diese Verbindung mit dem Höchsten können Sie sich geschützt, geführt und getragen fühlen. Sie genießen diese Verbundenheit und treten nun auch wieder in Kontakt mit Ihrem geistigen Helfer. Laden Sie diese gute Kraft, die in bedingungsloser Liebe zu Ihnen kommt, wieder herzlich ein ... Glauben und vertrauen Sie darauf, dass diese Kraft Sie nun wieder begleiten und unterstützen wird.

5. Überraschung erleben

5. Grundstufe

Nachdem Sie sich von meinen Impulsen anregen ließen, freut sich Ihr geistiger Helfer, Ihnen in der jeweiligen anschließenden Stille von seinen höheren Erkenntnissen zu erzählen und Sie zu inspirieren ... Intuitiv lassen Sie sich anregen von den Erkenntnissen Ihres geistigen Helfers und seiner Wahrheit. Kreieren Sie dadurch auf Ihrem Weg zur Weisheit Ihre eigene

Wahrheit immer wieder neu ... lauschen Sie nun den Impulsen, merken Sie sich alles, und begeben Sie sich auf den Weg:

»Ein Mensch kann von den Geheimnissen des Daseins nur so viel erfahren, wie es dem Grad seiner inneren Reife entspricht. Nur deshalb gibt es Hindernisse zu höheren Stufen des Wissens und Könnens ... Deshalb müssen wir immer wieder Prüfungen und Proben durchmachen ...«

Die untergehende Sonne verfärbt den Abendhimmel in einem wunderbar warmen, roten Licht ... Merken Sie sich alles, was Ihnen jetzt in den Sinn kommt ...

»... Die erste Feuerprobe ist oft schon das gewöhnliche Leben: Reiche Erfahrungen müssen erlebt werden, damit Selbstvertrauen, Mut und Standhaftigkeit in gesunder Weise groß und stark werden können ... Leid, Enttäuschung, Misslingen von Unternehmungen müssen mit Seelengröße, namentlich mit Ruhe und in ungebrochener Kraft zu ertragen gelernt werden ...« Welche ganz spezielle Erinnerung kommt Ihnen dazu in den Sinn?

(Arbeit in der Stille)

»... Mit der zweiten Feuerprobe, einer Einweihung zu vergleichen, wird der Mensch sensitiv – ein emotionales Medium oder ein Heiler und/oder medial Sehender – ein mentales Medium. Er lernt außergewöhnliche Dinge kennen, von denen andere Menschen vielleicht noch keine Ahnung haben. Dieses Kennenlernen ist aber nicht Ziel, sondern Mittel, um zum Ziel zu gelangen ...

Ziel ist, durch Erkenntnis der höheren Welten größeres, wahres Selbstvertrauen, höheren Mut und eine ganz andere Seelengröße und Ausdauer zu erwerben, als sie in der Regel innerhalb der niederen Welten erlangt werden können ...

Nach dieser zweiten Feuerprobe kann jeder Mensch noch umkehren. Er wird gestärkt in physischer und seelischer Beziehung und vermutlich erst in einer nächsten Verkörperung seine Einweihung fortsetzen.

In seinem gegenwärtigen Leben aber wird er ein brauchbareres Mitglied der menschlichen Gesellschaft sein, als er vorher war ... Der Mit-Schöpfer entwickelt sich zum Mit-Menschen ...«

Der sich orange-rot verfärbende Abendhimmel über dem ruhig daliegenden Ozean spiegelt sich ...

Merken Sie sich alles, was Ihnen dazu noch in den Sinn kommt.

(Arbeit in der Stille)

»... In welcher Lage sich der Mensch auch befinden mag: seine Festigkeit, seine Umsicht, sein günstiger Einfluss auf seine Mitmenschen, seine Entschlossenheit werden zugenommen haben. Durch die Kraft, die aus der bestandenen Probe entsteht, schreitet die Seelenentwicklung wie von selbst fort. Gesunde, sichere Urteilskraft muss jetzt geübt werden ...

Einzig und allein die Wahrheit muss Richtschnur sein ...

Über dem Tor, das zur dritten Prüfung der Einweihung führt, steht geschrieben: »Alle Vorurteile müssen von ihr fallen ...«

Dinge und Personen sind nicht da, um Sie zu etwas zu bewegen; nichts und niemand im Außen kann Ihnen die Kraft geben, die Sie brauchen – nur Sie selbst. Fänden Sie diese Kraft nicht in sich selbst, so stünden Sie bald wieder da, wo Sie vorher gestanden haben ...

In tiefer Verbundenheit, verbindlich sich selbst gegenüber und Ihrer inneren Führung gemäß lernen Sie die Qualität schätzen, im Frieden mit sich selbst zu sein. Denn – alles, was nötig ist, besteht darin, rasch mit sich selbst zurechtzukommen ... und dafür bietet innerer Friede die beste Ausgangslage. Hier hat man »sein höheres Selbst« gefunden ... Hier beginnt man zu lernen, aus der Synthese von Selbst und höherem Selbst wirken und bewirken zu können ... »Mein Wille« und »Dein Wille geschehe« sind in Einklang gekommen.

Impulse zur Verantwortung des Einzelnen für das Ganze werden wichtig – rasch muss man sich entschließen, auf die Eingebung des Geistes in allen Dingen zu hören ...

Dadurch entwickeln Sie Geistesgegenwart in jeder Lage!

Der Mensch darf sich selbst nicht verlieren!

Nur in sich selbst kann er den einzig festen Punkt – die innere Heimat – finden, an dem oder an die er sich zu halten vermag ...

Gelingt ihm das, erfährt er das schönste Glücksgefühl ...

Wenn er diese Prüfung besteht, darf er in den »Tempel der höheren Erkenntnisse«.

Auf dieser Stufe der Entwicklung macht man Erfahrungen: Man lernt, wie man das Wissen um Höheres anwendet, wie man es in den Dienst der Menschheit stellt ...

Erst recht fängt man jetzt an, die Welt zu verstehen ... Nicht auf das »Verschweigen« der höheren Wahrheiten kommt es an, sondern vielmehr auf die rechte Art, sie zu verstehen und in Bezug zum Leben zu bringen ...

Alles ist in die eigene Verantwortlichkeit gestellt ...

Was der Mensch hier lernt, ist, in jeder Lage durch sich selbst zu finden, was er zu tun hat. Der Mensch ist jetzt reif geworden, eine solche Verantwortung zu tragen ... denn – volles Vertrauen in die unmittelbare Gegenwart muss er haben ...

»Wenn ich etwas, was mir heute begegnet, nach dem beurteile, was ich gestern erfahren habe, so bin ich vielfachen Irrtümern unterworfen ...«

Die letzten Sonnenstrahlen verfärben sich und überfluten golden den Himmel und das Meer ... Merken Sie sich wieder alles, was Ihnen dazu in den Sinn gekommen ist ...

»...Die Goldene Regel der wahren Wahrheitssuche ist: ›Wenn du einen Schritt vorwärts zu machen versuchst in der Erkenntnis medialer, spiritueller Wahrheiten, so mache zugleich drei Schritte vorwärts in der Vervollkommnung deines Charakters und deiner Persönlichkeit zum Guten ...‹«

Es sind zwei Lichter: »Mut« und »Selbstvertrauen«, die auf dem Weg zur Erleuchtung nie erlöschen dürfen und die Sie immer begleiten, wenn Sie treu an sie glauben ...

Ihr geistiger Helfer schenkt Ihnen zum Abschluss jetzt zwei wichtige Symbole: eines für »Geduld« und eines für »Disziplin«. Was kommt Ihnen dazu in den Sinn – was fällt Ihnen dazu ein oder zu?

(Arbeit in der Stille)

Mittlerweile ist es Nacht geworden ... Der Sternenhimmel spiegelt sich auf der ruhigen Oberfläche des dunkel daliegenden Ozeans ... Zu guter Letzt kommen jetzt noch unsere drei Lebensschullehrer: derjenige, der uns beisteht, wenn wir uns um unsere Gesundheit kümmern, derjenige, der uns in unseren Beziehungen immer wieder beisteht, sowie derjenige, der uns im Berufsalltag unterstützt und immer wieder hilft ... Ein intensiver Austausch zu später Stunde entsteht zwischen uns und unseren drei Lebensschullehrern: »Die Erde als Schulhaus – ein Leben in der Lebensschule« wird erörtert und besprochen ...

Welche Geschenke – Rezepte, Denkzettel, Anregungen – bieten Ihre drei Lebensschullehrer Ihnen zu guter Letzt noch an?

Nutzen Sie die symbolische Kommunikation, und merken Sie sich alles, was Ihnen ein-fällt und zu-fällt ...

(Arbeit in der Stille)

Beobachten Sie, wie sich die drei Lebensschullehrer jetzt freundlich von Ihnen verabschieden, aufstehen und in ihre Welt zurückgehen ... Still ist die Nacht und friedlich ... weihnachtliche Gefühle hinterlassen sie – und das mitten in lauer Sommernacht, am Meeresstrand ...

»Stille Nacht – heilige Nacht ... « kommt Ihnen in den Sinn ... in vollen Zügen genießen Sie die ruhige Nacht und den Frieden, das Zusammensein mit Ihrem Schöpfer ...

Sie genießen »das goldene Licht« – Ihre neuen Erkenntnisse –, die Sie ermuntern, erneut zu wirken und bewusst zu bewirken – in uneingeschränkter Selbstverantwortung ...

Ein neuer Tag erwacht ... in ihrer ganzen Bläue liegt die ruhige See vor uns ... Ein Schiff taucht am Horizont auf ... Vielleicht kommt es näher ... Was erleben wir auf dem großen Meer vor uns?

Erkennen und benennen Sie alles, was Sie jetzt noch wahrnehmen und erleben ... Von Ihnen – an Sie ...

(Arbeit in der Stille)

6. Rückweg antreten, Fragen stellen

6. Grundstufe

Es ist nun die Zeit gekommen, den Strand wieder zu verlassen. Zuvor haben Sie aber noch die Gelegenheit, alles Unklare mit Ihrem geistigen Helfer zu besprechen.

(Arbeit in der Stille)

7. Abschied nehmen, sich schützen

7. Grundstufe

Die Zeit des Abschieds von Ihrem geistigen Helfer ist nun gekommen ... Dies gilt auch, wenn Sie sich einstweilen ein Healing hier auf der Terrasse schenken ließen ... Bedanken Sie sich herzlich für die Zusammenarbeit. Der geistige Helfer gibt Ihnen zum Abschied noch einen göttlichen Schutzsegen, der sie auch in Ihrem Alltag vor unnötigen Belastungen schützt. Danach geht er zurück in seine Welt und Sie wieder in die Ihre.

Alles Wahrgenommene lassen Sie dazu wieder los – das Wichtigste bleibt in Ihrer Erinnerung. Sorgfältig und selbstständig schließen Sie wieder alle Türen und Fenster in die geistige Welt. Eine angenehme Dunkelheit umgibt Sie nun, und in dieser Dunkelheit erinnern Sie sich an den blauen Vorhang, den Sie nun wieder aufziehen. Dadurch erinnern Sie sich auch wieder an Ihren physischen Körper. Langsam beginnen Sie diesen aufzuwecken – genauso wie auch alles andere, das Sie einschlafen ließen. Sie erinnern sich an Ihre Füße und spüren den Boden unter ihnen. Sie bewegen Ihre Zehenspitzen leicht, ziehen sie kurz zusammen, um sie dann wieder zu spreizen. Dasselbe können Sie auch mit Ihren Fingern machen, die Sie kurz zu Fäusten ballen, um sie dann zu spreizen. Mehr und mehr kommt dadurch wieder ein natürliches Körpergefühl in Sie. Sie verstärken es, in dem Sie alle restlichen Muskeln Ihres Körpers, wie Ober- und Unterschenkel und auch Ober- und Unterarme kurz an- und dann wieder entspannen. Sie fühlen auch den Stuhl, auf dem Sie gerade sitzen. Sie atmen zwei, drei Mal tief ein und aus. Dann zählen Sie innerlich bis sechs, öffnen – gestärkt mit neuer Kraft – Ihre Augen und kommen wieder gut im Hier und Jetzt an.

8. Erwachen, zurückkommen

8. Grundstufe

Ihre Intelligenz, Ihr Gefühl und Ihr Glaube helfen Ihnen, ein neues Gleichgewicht zu finden. Der PsyQ und damit die Frage nach dem erneuten »Wer bin ich?« erwacht.

Nehmen Sie ernst, was Sie für sich aufschreiben: Dadurch nehmen Sie sich selbst ernst.

3. Auswertung

a) Erlebtes

Sind Sie auf der Terrasse vor dem Ozean erwacht? Was haben Sie dort erlebt?

Was ist Ihnen dabei bewusst geworden?

Welche Erinnerung bei der ersten Feuerprobe hat Ihnen bewusst gezeigt, dass Sie dadurch Selbstvertrauen, Mut und Standhaftigkeit lernen konnten?

Welche Erinnerung ist Ihnen bei der zweiten Feuertaufe (Einweihung/ Initiation) geblieben?

Was ist Ihnen bei der dritten Feuerprobe bewusst geworden?

Assoziationen:

- »Hier beginnt man zu lernen, aus der Synthese von Selbst und höherem Selbst hindurch wirken und bewirken zu können ...«

- »Rasch muss man sich entschließen, auf die Eingebung des Geistes in allen Dingen zu hören ... Dadurch entwickeln wir Geistesgegenwart in jeder Lage!«

- »Ich erwerbe Seelengröße und Ausdauer.«

Ihr geistiger Helfer hat Ihnen zum Abschluss zwei wichtige Symbole geschenkt, eines zu »Geduld« und eines für »Disziplin«.

Was ist Ihnen hier zu »Geduld« in den Sinn gekommen?

Und was zu »Disziplin«?

Hinweis:
»Geduld« und »Disziplin« können Sie hier als Tugenden verstehen, die nun – ausgelöst durch die symbolischen Geschenke – immer mehr gelebt werden möchten.

Was ist Ihnen sonst noch in Erinnerung geblieben?

Die goldene Regel des Wahrheitssuchenden lautet: »Wenn du einen Schritt vorwärts zu machen versuchst in der Erkenntnis medialer, spiritueller Wahrheiten, so mache zugleich drei Schritte vorwärts in der Vervollkommnung deines Charakters und deiner Persönlichkeit zum Guten ...«. Es sind zwei Lichter – »Mut« und »Selbstvertrauen« –, die Sie treu begleiten. Was ist Ihnen dazu in den Sinn gekommen?

Wie haben Sie die weihnachtliche Stimmung in stiller Nacht erlebt?

b) Assoziationen und Erkenntnisse

Was erkennen Sie daraus?

Welche Impulse haben Sie durch die drei Lebensschullehrer erhalten? Was haben Sie durch sie erfahren bzw. ist Ihnen bewusst geworden?

Assoziation: »An den Taten erkennst du die Früchte.«

Hinweis:
Wenn Sie keinen Lehrer gesehen haben, so fragen Sie sich: »Was habe ich währenddessen empfunden?«

In der Übung hieß es dann: »Ein Schiff wird kommen.« Was haben Sie hier wahrgenommen - sind Sie auf das Schiff gestiegen, oder haben Sie es vorbeiziehen lassen?

Hinweis:
Hier können Sie Ihre Zukunftsgerichtetheit bzw. Ihre Entscheidungskraft
mehr und mehr erkennen

Falls Sie in einer Gruppe arbeiten

Notieren Sie Symbole, die andere träumen, die Sie für andere deuten ...

... und was diese für Sie bedeuten können (Selbstreflexion).

Beschreiben Sie, wie Sie Ihren Torhüter und/oder Ihren geistigen Helfer
diesmal wahrgenommen haben.

c) Brücke in den Alltag: Umsetzung und Nutzen

Notieren Sie, was Ihnen bewusst wird.

Treffen Sie mutig eine Entscheidung, in welchem Lebensbereich Sie die Erkenntnis (vor allem welche) wie und wann umsetzen.

Notieren Sie Gedanken, Symbole, Bilder, die in ihrer Bedeutung für Sie noch unklar sind und die Sie dennoch als wichtige Geschenke annehmen möchten.

d) Rückblick auf »Darum geht es«

Notieren Sie den wissenschaftlichen Aspekt der Spiritualität.

....

....

....

Erklären Sie die Formel »IQ+ EQ + SQ = PsyQ«.

....

....

....

Erklären Sie, inwiefern übernatürliche und/oder spirituelle Erlebnisse Mittel zum Zweck Ihrer Persönlichkeitsbildung werden können.

....

....

....

Erklären Sie »uneingeschränke Selbstverantwortung«.

....

....

....

Definieren Sie »volles Vertrauen in die Gegenwart«.

Erklären Sie die goldene Regel der Trilogos Methode: »Wenn du einen Schritt vorwärts zu machen versuchst in der Erkenntnis medialer, spiritueller Wahrheiten, so mache zugleich drei Schritte vorwärts in der Vervollkommnung deines Charakters zum Guten.«

Welche Eigenschaften brauchen Sie besonders, um sich weiterzuentwickeln?

Entscheidungsfreude: Halten Sie schriftlich fest, wie Sie damit umgehen.

Wie leicht fällt es Ihnen, gefällte Entscheidungen mit einem klaren »Ja, ich will ...« auch tatsächlich umzusetzen?

Erklären Sie, wie die Trilogos Methode zu mehr Entscheidungsfreude verhelfen kann.

4. Fallbeispiele

4.1 Fallbeispiel

a) Erlebtes

Claudia bekam bei dieser Übung von ihren drei Lehrern eine blaue Kugel geschenkt. Überlegen Sie, was dieses Symbol bedeuten könnte.

b) Assoziationen und Erkenntnisse

Ein Gruppenteilnehmer assoziierte dazu »tiefes Vertrauen«. Und ein anderer Gruppenteilnehmer erinnerte sich an Claudias Erfahrung, die sie durch die Reinkarnationsübung erlebt hatte: nämlich nie mehr allein sein zu wollen (siehe Buch 5, Einheit 2, 4.1). Entsprechend deutete er die blaue Kugel nun als »Spielball der Worte, der Kommunikation« und fragte Claudia, ob sie in letzter Zeit angefangen hätte, mutig vorzubringen, was sie zu fragen und zu sagen hätte. Beispielsweise, ob nach getaner Arbeit eine Kollegin oder ein Kollege mit ihr vielleicht Mini-Golf spielen oder Kegeln oder sonst ein Ballspiel machen möge? Seine Frage wurde mit einem deutlichen Ja beantwortet.

c) Brücke in den Alltag: Umsetzung und Nutzen

Beide Impulse nahm Claudia gerne an. Sie meinte, das tiefe Vertrauen möchte sie jetzt trainieren, und sie freute sich, dass ihr ihre drei »Lebensschullehrer« dabei halfen. Denn so interpretierte sie die blaue Kugel für sich. Und dieses Vertrauen kann sie auch gut gebrauchen, denn den Nutzen vom gesteigerten Vertrauen sah sie wirklich darin, dass sie nun neue soziale Kontakte knüpfen wollte.

4.2　Fallbeispiel

a) Erlebtes

Gertrude nahm ihre drei Lehrer wie die Heiligen Drei Könige wahr, die ihr Myrre, Weihrauch und Gold brachten. Es war ein nahezu mystisches Erlebnis, das sie tief berührte.

b) Assoziationen und Erkenntnisse

Ein Teilnehmer aus der Gruppe assoziierte dazu: »seinem Stern folgen«.

c) Brücke in den Alltag: Umsetzung und Nutzen

Damit konnte Gertrude sehr viel anfangen, zumal sie durch die vorigen Übungen an ihre Kernthemen im Leben kam. Und da war das Bild mit den Heiligen Drei Königen für sie von großem Nutzen – es gab ihr Vertrauen in ihre innere Wahrnehmung und ihre innere Stimme, die ihr symbolisch sagte: »Geh auf diesem Weg weiter, und du wirst spirituell reich beschenkt werden.«

5. Lernziele

Markieren Sie die Lernziele, die Sie bereits erreicht haben.

1. Sie erarbeiten sich Veränderungsschritte bezüglich der drei »Lebens schullehrer« Gesundheit, Beziehung, Beruf(ung) und gehen diese pragmatisch an.
2. Sie erkennen nächste Schritte auf Ihrem höchstpersönlichen Individuationsweg.
3. Sie werden sich bewusst, welche(r) Lebensschullehr(er) für Sie momentan am wichtigsten ist.
4. Sie machen eine Standortbestimmung bezüglich der Fragen: »Wer bin ich? Wohin gehe ich?«
5. Sie lernen Geduld und Disziplin als wichtige Tugenden auf dem Weg zu wahrer Selbstverwirklichung nutzen.

6. Quintessenz

Die drei Lebensschullehrer (Gesundheit, Beziehung, Beruf) werden als Felder der Selbstreflexion und somit als Entwicklungsfelder wieder neu kennengelernt (exemplarischer Unterricht). »Welcher dieser drei Bereiche braucht jetzt besonders meine Aufmerksamkeit?« oder »In welchem dieser drei Bereiche kann ich noch viel lernen bzw. habe ich Nachholbedarf?« sind Fragen, die zur praktischen Umsetzung des Wahrgenommenen einladen. Diese drei Lehrer können als unabhängige Hilfsmittel für die Persönlichkeitsentwicklung erkannt und als solche auch genutzt werden. Das Trilogos Training macht es möglich.

Der praktische Alltag wird hier insbesondere als Lernfeld eingeführt und als Möglichkeit, sich und seine Persönlichkeit weiterzuentwickeln. »Was hat das, was mir widerfährt, mit mir zu tun?«, bleibt dabei immer die entscheidende Frage, anhand derer Selbstverantwortung trainiert werden kann.

Seien Sie wachsam und voller Aufmerksamkeit – hinterfragen Sie jeden Augenblick. Der Teufel liegt im Detail.

7. Weiterführende Literatur

Roethlisberger, Linda: *Der sinnliche Draht zur geistigen Welt*, 8. Auflage 2023, Verlag: tredition Hamburg.
ISBN: 978-3-347-68614-4 (Paperback, 680 Seiten, 13,5 x 21 cm)
ISBN: 978-3-347-68615-1 (eBook)

Andere
- Hersch, Jeanne: *Von der Einheit des Menschen*, Benziger, Zürich/Köln 1978
- Monahan, Evelyne M.: *Wirken Sie Wunder in Ihrem Leben*, Freya, Linz 1968

Einheit 2

Im Gleichgewicht

1. Darum geht es

Der Weg zum Menschsein

Auf dem Weg zum Mensch-, ja, Mitmensch-Sein sind es vor allem die äußerlichen Herausforderungen, Schwierigkeiten, Widersprüche des alltäglichen Lebens, die uns innerlich, seelisch-geistig immer wieder herausfordern, schwierige Gefühle nicht einfach zu verdrängen, sondern bewusst in leichtere zu verwandeln: Diese oft schmerzhafte Prozessarbeit ist es letztlich, die uns im und zum innerlichen Reifungsprozess fördert. Dazu gibt es heute viele Methoden, Konzepte, Schulungen – dennoch: den Weg zum Menschsein muss jeder selbst gehen, selbst erleben, selbst finden. Möge vorliegender Lehrgang als Beitrag der Hilfe zur Selbsthilfe verstanden werden.

Bei der Erarbeitung von Werten und Tugenden entdecken und erleben Sie immer mehr, dass die ewigen Grundgesetze der Natur jenseits des individuellen Willens, jenseits von Gut und Böse liegen. In ihrer Erlebbarkeit gliedern sich Werte zu ausgeglichenen Zyklen, zu seelisch-geistiger Entwicklung, zum Menschsein – wofür wir oft noch zu blind sind.

Beginnt sich Ihr Wille dem Großen Willen zu fügen, so treten Sie die Reise zum Sehen und dadurch zum ganzheitlichen Wahrnehmen und auch Leben an.

Schmerz und Freude stehen kompensatorisch, als Einheit im Widerspruch, zueinander – wie Norden und Süden, wie Ein- und Ausatmen, wie Hunger und Sättigung.

Diese beiden sind nicht durch willkürliches Licht und Liebe oder mittels eines abstrakten Gesetzes miteinander verbunden – sondern durch das gemeinsame Entstehen. Es ist die Kraft des Widerspruchs, die die

Ressourcen, die Kreativität des Menschen und dessen Fähigkeit, wahrzunehmen/gewahr zu sein aktiviert und ihn zum Mit-Schöpfer und Mit-Gestalter seines Lebens werden lässt. Bewusstsein ist also nicht unbedingt durch die Geschwindigkeit oder Trägheit der Wahrnehmungen, Denkvorgänge oder sonstiger Verarbeitungen zu fassen. Der Wahrnehmende wird sich vielmehr bewusst, dass er niemals gleichzeitig zwei Entschlüsse fassen kann, sondern dass er sich Schritt für Schritt für das eine oder andere entscheiden muss.

Diese Einengung ist es, die die Gegenwart gestaltet: Rückführung – Vorführung – zeitlos. Die Enge des menschlichen Bewusstseins erzeugt und gestaltet die Gegenwart – und die ist jetzt. Diese Gegenwart ist oft sehr herausfordernd – und fördert denjenigen, der sich auf die Herausforderung wirklich und wahrhaftig und dadurch auf sich selbst einlässt.

»Dieses Festhalten an einer Komfortzone kann uns mitunter daran hindern, uns auf neue Entwicklungs- und Entfaltungsmöglichkeiten einzulassen.«

Mario Alonso Puig

Das individuelle, kreativ-schöpferische Potenzial

Vom Mit-Schöpfer zum Mit-Mensch

Jeder Mensch trägt ein individuelles, kreativ-schöpferisches Potenzial in sich, auf dass es im Verlauf seiner Entwicklung möglich wird, die persönlichen Wesensanlagen oder das wahre Selbst »schön, wahr und gut« zur Entfaltung zu bringen. In diesem Lehrgang wird das persönliche menschliche Potenzial oder die psychospirituelle Intelligenz als PsyQ bezeichnet.

Bewusste Schattenintegration wird möglich

Der Zugang zum wahren Selbst, das jeder in sich trägt, kann im Laufe der Jahre durch traumatische Erlebnisse, durch Erziehung, soziale Muster u. a. verschüttet werden. Diesen Zugang wieder zu entdecken, ihn freizuschaufeln, zu heilen, zu hegen und zu pflegen, damit das in uns allen Angelegte wachsen, blühen und gedeihen kann, ist der erste wichtige Schritt. Ihr PsyQ hilft Ihnen dabei. Mittels Ihrer psychospirituellen Intelligenz lassen Sie sich langsam, aber sicher auf innere »Geburts- und Wachstumsschmerzen« ein, um mehr und mehr Sie selbst zu werden – oder das Selbst in Zusammenarbeit mit dem höheren Selbst (PsyQ) in Verbundenheit mit der Schöpferkraft zum wahren Selbst werden zu lassen. Dies ist der Individuationsweg[3]; er kann zwischendurch auch durch »schattige« Gegenden, ja sogar durch »finstere Täler« führen. Die sogenannte »Schattenintegration«[4] kann immer unabhängiger und freier, selbstständiger vollzogen werden, je mehr ein Mensch innerlich an sich arbeitet. Ziel ist und bleibt, über sich selbst hinauszuwachsen, um sich nach der Selbstverwirklichung wirklich und wahrhaftig in den Dienst einer höheren Sache zu begeben – um dienen zu können.

Dass Sie trotz aller Wachstumsschmerzen immer wieder zuversichtlich und mutig Schritt für Schritt weitergehen, bedarf des Glaubens und Vertrauens (SQ-Aktivierung) sowie Ihrer Intuition, um spontan im »Hier und Jetzt« das für Sie Richtige zu tun. Der Alltag wird zur ernsthaften »Spiel- und Erkenntniswiese« Ihres natürlichen, kreativ- schöpferischen Potenzials. Diese seelisch-geistige Fitness soll Sie allein oder in Trilogos Trainingsgruppen zur regelmäßigen Psychohygiene motivieren.

Herausforderungen wollen mit Freude gemeistert und neue Lösungen immer wieder gefunden werden.

---

3   Mehr über den Individuationsprozess findet sich in: Jacobi, J. Der Weg zur Individuation, Walter, Olten 1971

4   Transformation durch Integration; das, was Peter Orban »Die Reise des Helden« nennt und Castaneda als «Weg des Zauberers« bezeichnet, stellt die Reise in das Reich der Schatten dar. Dieses Eintauchen in die Nachtseiten, in die Unterwelten und deren Integration kann uns schließlich zur Heilung im Sinne von »vollkommener werden« führen. Denn die Kraft zur Verwandlung kommt oft aus der »dunklen« Seite der Seele.

Das Training, das zu echten Ergebnissen führe, sei nicht das, welches dem Menschen helfe, seine falsche Identität zu verbessern, meinte der brasilianische Arzt und Forscher Mario Alonso Puig, sondern eines, das ihm helfe, genau diese Identität zu überwinden, damit er seinem Ich wieder begegnen könne.

Blitzlicht

Was ist für Sie Sinn und Zweck der »Verbeugung« vor der Großen Schöpferkraft?

Was bedeutet für Sie »Fügung«?

2. Erlebnis – Blick nach vorn – zeitlos

In dieser Übung wird uns bewusst, dass wir viele kleine Tode sterben müssen, um endgültig erlöst zu sein ...

Audio – 20. Übung »Blick nach vorn – zeitlos«

1. Grundstufe

1. Körper entspannen

Körper-Seele-Geist kommen in Einklang – Sie erleben Ihre Zentriertheit, Sie sind im Einklang ... Tief atmen Sie alles aus, das Sie an Ihren Alltag erinnert, das Sie beschäftigt und Ihnen vielleicht sogar Sorgen gemacht hat ...

Die innere Ruhe bekommt wieder ihren Raum, und dadurch erwacht das heilsame Gefühl von Frieden und Harmonie in Ihnen und um Sie herum ...

Ihr physischer Körper fühlt sich angenehm und entspannt an ... Ihr Atem fließt ruhig, und Sie genießen die angenehm wohlige Körpertemperatur, die Ihre ganze Physis durchströmt ... bis in die Fingerspitzen ... und bis in die Zehenspitzen ... Von Kopf bis Fuß nehmen Sie die angenehme Wärme wahr ...

Sie freuen sich, für den Moment immer leichter von Ihrem Alltagsleben Abstand nehmen zu können ... Immer tiefer können Sie sich entspannen ... immer leichter fällt es Ihnen, sich auf sich selbst einzulassen – in sich hineinzufühlen und hineinzulauschen ... Alle Geräusche, die Sie von der Außenwelt noch wahrnehmen können, interessieren Sie immer weniger ...

Sie genießen den erwachenden inneren Frieden und die in Ihnen wahrnehmbare Harmonie – Sie erinnern sich wieder an Ihren »inneren Kraftort« – »an den Raum der Stille in Ihrem Innersten« ...

2. Gedanken und Gefühle zur Ruhe kommen lassen

2. Grundstufe

Ihr ganzes Menschsein entspannt sich jetzt immer mehr und mehr, Ihre seelisch-geistige Welt wird ruhiger und ruhiger … Immer weniger Erwartungen haben Sie, immer wunschlos glücklicher erleben Sie sich … die Welt Ihrer Gedanken und Gefühle wird ruhiger und ruhiger …

3. Sich mit dem Höchsten/der Schöpferkraft verbinden

3. Grundstufe

Hier und jetzt – ganz bei sich – nehmen Sie wieder wahr, wie sich Ihr höheres Selbst mit dem Ur-Selbst und dadurch mit dem Großen Geist vereint … Sie sind sich der Einheit mit dem Kosmos wieder bewusst. Sie genießen das bewusste Gefühl, mit dem höchsten Bewusstsein verbunden und somit geschützt, geführt und geborgen zu sein.

4. Die innere Welt erwacht, dem geistigen Helfer begegnen

4. Grundstufe

Schon spüren Sie wieder einen Ihrer geistigen Helfer oder Führer, der jetzt bei Ihnen ist … es gibt eine herzliche Begrüßung, und gegenseitig freuen Sie sich auf das neue, gemeinsame Erlebnis, auf das Erwachen Ihres gesamten schöpferischen Potenzials.

Sie machen nun in Ihrer erwachenden Vorstellungswelt zu Hause, dort, wo Sie jetzt wohnen, einen Rundgang. Machen Sie es sich gemütlich – nehmen Sie vielleicht eine Licht-Dusche – eine reinigende Dusche aus Licht und Liebe. Sorgen, Zweifel, Unsicherheiten und Ängste können von Ihnen abfließen, sich vielleicht sogar auflösen … ebenso Ihre Wünsche, Erwartungen und Zukunftsträume, alles, was Ihnen durch den Kopf geht, entspannt sich … Immer ruhiger und ruhiger wird es in Ihnen und dadurch um Sie herum …

Ihr geistiger Helfer reicht Ihnen ein angenehm vorgewärmtes, flauschig-weiches, einfarbiges Badetuch … was für eine kräftige oder eher zarte Farbe hüllt Sie jetzt ein? Suchen Sie sich eine angenehme Liege, ruhen Sie und entspannen Sie sich … Wenn Sie mögen, können Sie jetzt hier verweilen und sich im Einklang mit dem Höchsten von den spirituellen Heilenergien regenerieren und auftanken lassen ...

Wenn Sie sich auf die innere Arbeit freuen, dann sehen Sie nun langsam wieder auf und kleiden sich an ...

Völlig ruhig und entspannt schauen Sie sich den Fußboden an, auf dem Sie stehen. Ist es ein Holz- oder ein Steinboden, oder vielleicht ein Teppich? Welche Farbe hat er?

Beobachten Sie, wie diese Farbe Sie wie ein Nebel sanft einzuhüllen beginnt ... Fühlen Sie sich glücklich und geborgen, und freuen Sie sich – immer in treuer Begleitung Ihres geistigen Helfers – auf das neue Erlebnis, das Sie bald erwartet. Lassen Sie sich jetzt von dieser Farbe tragen ...

5. Überraschung erleben

Ihr geistiger Helfer wird Sie jetzt in Ihre Zukunft begleiten. Sie wissen, dass er Ihnen nur das zeigen und bewusst machen wird, was für Sie jetzt gerade richtig und wichtig ist ... Sie beobachten, dass der farbige Nebel immer dichter wird. Tief atmen Sie ein und aus und spazieren, immer in treuer Begleitung Ihres geistigen Helfers und Schutzengels, aus diesem Raum in eine andere Welt ... Die Türe ist bereits geöffnet, Sie gehen hinaus und entdecken, dass vor Ihnen ein langer, langer Korridor liegt – wie ein Tunnel so lang – gefüllt mit diesem durchsichtig-farbigen Nebel. Angenehm leicht schreiten Sie gemeinsam mit Ihrem geistigen Helfer vorwärts und weiter ... vorwärts, Schritt um Schritt ... immer weiter und weiter ... Sie werden sich plötzlich bewusst, dass Ihr Astralkörper sich jetzt einen neuen Körper sucht. Ganz ruhig – glücklich und zufrieden sind Sie – ohne Erwartungen – ganz getrost lassen Sie geschehen, was geschehen soll.

Weit weg sind Sie jetzt, irgendwo gelandet oder angekommen. Der farbige Nebel hat sich wieder aufgelöst, immer klarer wird es um Sie herum ... Sie konzentrieren sich auf Ihr Aussehen. Blicken Sie an sich hinab ... Wie sehen Sie aus? Wie fühlen Sie sich? Erleben Sie sich als feinstofflich, körperlos? Als männlich oder weiblich? Wie alt mögen Sie sein?

Tief genießen Sie die Ruhe um sich herum und blicken weiter ... Wie sind Sie allenfalls gekleidet? Welche Schuhe tragen Sie? Wo sind Sie? Was für eine Jahreszahl schreibt man jetzt? Beobachten Sie ganz genau die Gegend, wo Sie sind. Wie sieht es hier aus?

Sie gehen jetzt dorthin, wo Sie in jenem Leben wohnen. Ihr geistiger Helfer freut sich, Sie nach Hause zu begleiten, nach Hause, in diese Schwingungsebene, wo Sie sich wohl, geborgen und zufrieden erleben ...

Wie sieht es hier aus? Schauen Sie Ihre Umgebung gut an – drinnen im Haus und draußen, sofern es ein Haus gibt ... Ihr geistiger Helfer macht Sie vielleicht auf eine Jahreszahl in weiter Zukunft aufmerksam ... merken Sie sich alles, was Ihnen jetzt in den Sinn kommt ...

Leben Sie alleine hier? Oder gemeinsam mit anderen? Schauen Sie sich alles in aller Ruhe an. Wo genau sind Sie?

Was ist Ihre Tätigkeit? Was machen Sie beruflich – wie sieht Ihr Arbeitsfeld aus?

Ihr geistiger Helfer macht Sie jetzt in jenem Leben auf eine ganz besondere Spur aufmerksam und dadurch auf einen ganz markanten Punkt, der Ihnen wegweisende Information gibt, das zu werden und zu sein, was Sie im tiefsten Herzen sind.

Aufmerksam, deutlich und klar erkennen Sie jetzt eine Spur vor sich auf Ihrem Weg ...

Wie sieht diese Spur aus?

Gemeinsam mit Ihrem spirituellen Wegbegleiter folgen Sie ihr ...

Wo führt Ihre Spur Sie hin? Was genau erleben Sie, am Ziel angelangt?

Merken Sie sich alles, was Ihnen in den Sinn kommt, was Sie hier sehen und erleben ... beobachten Sie achtsam und wachsam ... nehmen Sie Kontakt mit Ihrem geistigen Helfer auf, und lernen Sie gemeinsam mit ihm ...

Wie alt fühlen Sie sich jetzt, in diesem ganz besonderen Moment? Wieder lassen Sie sich alle äußeren Umstände zeigen – alles merken Sie sich ...

Ihr geistiger Helfer streckt Ihnen jetzt ein Fernrohr entgegen und hilft Ihnen damit, einen weiteren Blick in die Zukunft zu erhaschen: Sie gehen in der Zeit vorwärts zu einem ganz wichtigen Punkt, der Ihnen wieder etwas Spezielles zeigt, das für Sie wichtig zu wissen ist ...

Und noch auf einen wichtigen Abschnitt macht Ihr geistiger Helfer Sie aufmerksam: Er richtet Ihnen das Fernglas in die noch fernere Zukunft: Was für eine Jahreszahl wird geschrieben? Was sehen Sie? Auch jetzt schauen Sie sich alle Umstände ruhig an ... merken Sie sich alles ...

Sie gehen jetzt weiter bis zu Ihrem Tod in jenem zukünftigen Leben. Wo sind Sie? Was denken und fühlen Sie? Sie erleben jetzt den Tod – vielleicht in der Zukunft. Ihr geistiger Helfer ist mit und bei Ihnen, er begleitet Sie ... Ganz bewusst lassen Sie sich jetzt vom großen göttlichen Frieden erfüllen ...

Bewusst lösen Sie sich von diesem Körper der Zukunft – in Harmonie und Ruhe sind Sie nun wieder außerhalb von Zeit und Raum – Sie genießen das Gefühl von Zeitlosigkeit ... vom Sein ... genießen es, erfüllt im Frieden zu sein

...

6. Rückweg antreten, Fragen stellen

6. Grundstufe

Ihr geistiger Helfer erinnert Sie jetzt wieder sanft und ruhig zurück ans Hier und Jetzt: an die Gegenwart. In diesem Moment erwacht Ihr feinstofflicher Astralkörper wieder voll und ganz in Ihrer jetzigen Wohnung ... Sie erinnern sich an die Lichtdusche vor dieser langen Zeitreise ... Ihr Atem ist ruhig und entspannt ...

Ruhen Sie sich aus ... oder nehmen Sie noch einmal eine angenehm warme Lichtdusche ...

Es wird Zeit, sich jetzt bei Ihrem geistigen Wegbegleiter zu bedanken für alles, was Sie gemeinsam mit ihm erleben durften. Letzte Fragen können Sie gemeinsam in aller Ruhe noch klären ... Merken Sie sich alles, was Ihnen dazu einfällt, in den Sinn kommt ...

7. Abschied nehmen, sich schützen

7. Grundstufe

Nun ist es Zeit, sich langsam von Ihrem geistigen Helfer zu verabschieden. Er schenkt Ihnen noch seinen Segen ... Tief atmen Sie in der Vorstellung durch Ihr Scheitel-Chakra ein und aus, auch Ihre Füße spüren Sie nun wieder und damit den Boden der Wirklichkeit ... Tief atmen Sie in Ihrer Vorstellung durch Ihr Stirn-Chakra – die Hände und Arme erwachen. Sie atmen in Ihrer Vorstellung durch Ihr Hals-Chakra – die Beine erwachen ...

Ruhig und sorgfältig beobachten Sie, wie sich Ihre Chakren – wie die Blumen am Abend, wenn die Sonne untergeht – jetzt schließen, eines nach dem anderen ... Lassen Sie sich Zeit, schützen und schließen Sie sich auf Ihre Art, in Ihrem Ritual ... genießen Sie die in Ihnen langsam erwachende, angenehme Dunkelheit ... Die inneren Sinne sind jetzt ruhig und entspannt ... die äußeren, physischen Sinne erwachen wieder im Hier und Jetzt ...

8. Erwachen, zurückkommen

8. Grundstufe

Damit erwacht auch Ihr jetziger, physischer Körper wieder ... und mit Ihrem Bewusstsein wecken Sie Ihre Hände, Ihre Beine und Füße sanft wieder auf ... Sie spüren den festen Boden unter Ihren Füßen – Ihr ganzer Körper erwacht langsam im Hier und Jetzt und fühlt sich fit und entspannt.

3. Auswertung

a) Erlebtes

Notieren Sie die kräftige oder eher zarte Farbe Ihres Badetuchs.

Notieren Sie, wo Sie am Ende des Tunnels erwacht sind, nachdem sich der Nebel aufgelöst hat.

Notieren Sie, als wer Sie am Ende des Tunnels erwacht sind – Ihr Astralkörper suchte sich einen neuen Körper ...

Notieren Sie Ihr »Zuhause«, diese Schwingungsebene, in der Sie sich wohl, geborgen und zufrieden erlebten.

Notieren Sie Ort und Zeit der erlebten Inkarnation.

Was war Ihre Tätigkeit dort?

Sie folgten einer ganz besonderen Spur ...

... und wurden auf einen ganz markanten Punkt, der Ihnen wegweisende
Information gab, aufmerksam gemacht.

Wie alt fühlten Sie sich in diesem besonderen Moment?

Was für einen Blick in die Zukunft konnten Sie erhaschen?

Was wurde Ihnen dazu bewusst?

Und noch ein weiterer Einblick in Ihre ferne Zukunft wurde Ihnen gewährt ...

Welche Jahreszahl wurde geschrieben?

Wie haben Sie Ihren Tod erlebt?

Wo waren Sie? Was dachten und fühlten Sie?

b) Assoziationen und Erkenntnisse

Viele markante Punkte sind Ihnen aufgefallen. Notieren Sie:

Was könnte Ihre erlebte Farbe Ihres Badetuchs mit Ihrer emotionalen oder mentalen Aura zu tun haben? (Erinnern Sie sich an Buch 4.)

Was könnte der Ort nach dem Tunnel bedeuten, an dem Sie erwacht sind, nachdem sich der Nebel aufgelöst hat?

Was will Ihnen der allenfalls angenommene neue feinstoffliche Körper bewusst machen?

Was könnte es bedeuten, wenn Sie sich »körperlos« erlebten?

Was könnte Ihr »Zuhause«, die Schwingungsebene, in der Sie sich wohl, geborgen und zufrieden erlebten, bedeuten?

Was könnte Ihre dort ausgeübte Tätigkeit im Hier und Jetzt bedeuten?

Was könnte die Spur bedeuten, der Sie gefolgt sind? Was fällt Ihnen auf?

Was war die wegweisende Information, die Ihnen zeigt, warum Sie heute das sind, was Sie sind?

Sie gingen noch einmal vorwärts in der Zeit ... Sie erlebten mit dem Blick durchs Fernrohr wiederum etwas Spezielles, das für Sie heute von wichtiger Bedeutung werden kann, um Ihr Hier und Jetzt besser verstehen zu können.

Was könnte die erlebte Todesursache für Sie bedeuten?

Wo waren Sie? Wie sah es dort aus?

Notieren Sie weitere von Ihnen geträumte Symbole ...

... und deren eigene Deutung (subjektive Wahrheit).

Falls Sie in einer Gruppe arbeiten

Notieren Sie Symbole, die andere träumen, die Sie für andere deuten ...

... und was diese für Sie bedeuten können (Selbstreflexion).

Beschreiben Sie, wie Sie Ihren Torhüter und/oder den geistigen Helfer diesmal wahrgenommen haben.

Notieren Sie Gedanken, Symbole, Bilder, die in ihrer Bedeutung für Sie noch unklar sind und die Sie dennoch als wichtige Geschenke annehmen.

c) Brücke in den Alltag: Umsetzung und Nutzen

Halten Sie schriftlich fest, was Ihnen bewusst wird.

Treffen Sie eine mutige Entscheidung, in welchem Lebensbereich Sie die Erkenntnis wie und wann als Mit-Schöpfer und Mit-Gestalter Ihres Lebens umsetzen.

Halten Sie eventuelle Erkenntnisse bezüglich Ihrer präventiv-medizinischen Vorsorge fest, und treffen Sie mit sich ein Abkommen zur Umsetzung.

Notieren Sie, welche möglichen Weichen bezüglich Ihrer Beziehungen Sie neu stellen wollen.

Notieren Sie, welche mögliche Neuausrichtung dieser Traum in Bezug auf Ihren Beruf oder Ihre Berufung ergibt.

Beschreiben Sie Ihren Eigenantrieb, den »zündenden Funken« Ihres feu sacré, der Ihnen als motivierter Mit-Schöpfer immer wieder hilft, aktiv zu werden und Ihre Welt in der Welt neu zu gestalten.

d) Rückblick auf »Darum geht es«

Erklären Sie »Mein Wille geschehe – Dein Wille geschehe«.

Erklären Sie »Rückführung – Vorführung – zeitlos«.

Erklären Sie: Die Gegenwart ist jetzt.

Definieren Sie »Bewusstseinsschulung«.

Inwiefern macht für Sie »Persönlichkeitsbildung« Sinn?

4. Fallbeispiele

4.1 Fallbeispiel

a) Erlebtes

Albert erlebte sich bei dieser Übung als Richter in weiter Zukunft. Doch es war keine Weisheit, die er walten ließ. Im Gegenteil: Er wurde Zeuge, wie er seine Macht missbrauchte. Als er starb, wurde ihm schlagartig bewusst, was er eigentlich verbrochen hatte.

Was kommt Ihnen zum Erlebnis von Albert in den Sinn?

....

....

....

b) Assoziationen und Erkenntnisse

Albert meinte, dass er heute in seiner beruflichen Situation immer wieder vor die Wahl gestellt werde, dass er »krumme Dinge« drehen könnte, wenn er wollte. Manche Angebote seien sehr verlockend. Aber er merke gleichzeitig, dass er immer wieder einen sehr starken Drang hätte, das zu rechtfertigen, was er tut. Manche seiner Kollegen finden das schon sehr übertrieben, denn Albert möchte immer allen anderen erklären, warum er etwas genau so getan hat, wie er es eben getan hat. Er möchte immer allen anderen zeigen, dass er es richtig gemacht hat.

c) Brücke in den Alltag: Umsetzung und Nutzen

Albert erkannte durch diese Übung, dass rechtmäßiges und gerechtes Handeln für ihn sehr wichtig sind. Durch diese Übung hatte er eine Art

Grund bzw. Erkenntnis bekommen, weshalb er einen so starken Rechtfertigungsdrang hatte. Er erkannte aber auch, dass dieses Rechtfertigen manchmal überflüssig und für andere störend war. Denn letztlich ging es einfach um schlicht und ergreifend aufrichtiges Handeln, wie er erkannte. So war der Nutzen dieser Übung der, dass er auf keinen Fall illegale Entscheidungen treffen möchte, selbst wenn diese lukrativ scheinen – ihm hatte diese Übung bewusst vor Augen geführt, welche Konsequenzen dies haben kann. Nämlich: dass er sich selbst nicht mehr in die Augen sehen konnte.

4.2 Fallbeispiel

a) Erlebtes

Barbara erlebte sich bei dieser Übung weit in der Zukunft als misshandelte Tochter einer »Rabenmutter«. Ihre Mutter hatte also eine Tochter und scherte sich nicht viel um sie. Sie verstarb plötzlich als junge Frau bei einem Unfall.

Was möchten Sie Barbara darauf sagen?

b) Assoziationen und Erkenntnisse

Gegenüber ihrer jetzigen Mutter hatte Barbara immer wieder starke Schuldgefühle. Es war so, als ob sie sich für alle Leiden und Schwierigkeiten ihrer Mutter verantwortlich fühlen würde – und teilweise auch von ihrer Mutter verantwortlich gemacht würde. Die Übungsleiterin meinte hier, dass es – wie Barbara selbst in ihrer Erlebnisreise gesehen habe – sein könnte, dass diese Schuldgefühle eine Projektion wären. Sie hätten also eigentlich nichts mit dem jetzigen Gefühl zu tun. Was wäre nun, wenn Barbara von diesem anderen Leben Abschied nähme und sich bewusst sagen würde: »Dies war einmal, es war nicht richtig, was meine Mutter getan hat, aber jetzt hat es keine Gültigkeit, und von nun an will ich es besser machen. Auf einer gefühlsmäßigen Ebene verstand Barbara, was damit gemeint war. Denn sie hatte den tiefen Eindruck, dass die Beziehung zu ihrer Mutter nicht frei, sondern noch immer von einem starken Abhängigkeitsverhältnis geprägt war.

c) Brücke in den Alltag: Umsetzung und Nutzen

Barbara wollte nun daran arbeiten, diese unbegründeten Schuldgefühle sofort loszulassen. Das Erlebnis dieser Übung half ihr dabei insofern, als sie erkannte, dass sie sich im Hier und Jetzt offensichtlich nicht schuldig gegenüber ihrer Mutter gemacht hatte. Letztlich erhoffte sie sich dadurch eine freiere, unabhängigere Mutter-Tochter-Beziehung, in der sie sich mehr und mehr aus diesem Abhängigkeitsverhältnis lösen kann. Und Sie wollte dankbar sein ob jedem neuen Tag, den sie mit Ihrem Leben, das sie als Geschenk betrachtet – auch genießen wollte.

4.3 Fallbeispiel

a) Erlebtes

Rolf erlebte sich in dieser Übung als »körperloses Wesen«. Er fühlte sich wohl und ungebunden, er genoss es, all-eins zu sein.

Was fällt Ihnen dazu ein?

b) Assoziationen und Erkenntnisse

Rolf erklärte, dass er in seinem Alltagsleben momentan nur von Sorgen geplagt sei. Gesundheitlich leide er unter Schlafstörungen, beruflich sei er sehr unglücklich an seinem Arbeitsplatz und warte täglich auf die Kündigung. Unlängst habe ihn seine Freundin verlassen.

Während des Erzählens wurde Rolf etwas bewusst: Er realisierte plötzlich, dass er sich nirgends richtig, mit Haut und Haaren einlasse, damit er möglichst keinen Ärger bekam. Könnte es sein, dass auch er sich endlich auf seine seelisch-geistigen Kräfte und seine Schöpferkraft einlassen sollte?, begann er sich zu fragen.

c) Brücke in den Alltag: Gewinn und Nutzen

Rolf nahm sich vor, das leichte Gefühl des soeben Erlebten – den wunderbar angenehmen Schwebezustand – als neues Gefühl in einem neuen Bezug anzuerkennen. Er wurde sich der tiefen Verbundenheit mit seiner Schöpferkraft gewahr – er erlebte sich sozusagen im Einklang mit diesem und erahnte die klare Führung, die vielleicht auch ihm eines Tages zuteil werden könnte. Diese Erkenntnis wollte Rolf nun versuchen, tagtäglich in seinem praktischen Alltag zu leben, indem er sich der Verbundenheit mit der Lebenskraft immer bewusst bliebe. Seine Lebensfreude wollte er ab sofort aus dem leichten Gefühl des Seins nähren.

5. Lernziele

Markieren Sie die Lernziele, die Sie bereits erreicht haben.

1. Sie betrachten Ihr Hier und Jetzt aus und in ganz neuem Licht.
2. Sie erarbeiten konkrete Veränderungsschritte und setzen diese in der Praxis um.
3. Sie leisten »Versöhnungsarbeit« mit sich selbst und anderen.
4. Sie üben sich im Vergeben und lernen, sich radikal vom Opferdasein zu verabschieden.

6. Quintessenz

»Wer sind wir? Woher kommen wir? Wohin gehen wir?« Diese alten und doch noch immer aktuellen Fragen der Philosophie können durch obiges Erlebnis neue Antworten finden – keine objektiven, aber subjektive, die das Hier und Jetzt des Wahrnehmenden verändern, beeinflussen und in einem neuen Licht erscheinen lassen. Neue Möglichkeiten können dadurch in uneingeschränkter Selbstverantwortung aktiv und bewusst angegangen sowie umgesetzt werden.

Die oben ausgeführte Übung mit dem Blick in die Zukunft kann auf symbolische Weise das Hier und Jetzt des Träumenden – wie auch der Blick zurück in einen vergangenen Lebensabschnitt oder gar in ein früheres Leben (Buch 5) – neu bewusst machen. Probleme, Muster, Projektionen, Prägungen, Traumata können erkannt und aufgelöst werden. Auf diese Weise wird der freie Wille gefördert und kann mehr und mehr mit dem höheren Willen (höheres Selbst, höhere Führung) in Einklang kommen. Der Individuationsweg wird weiter beschritten.

Pendeln Sie zwischen Himmel und Erde: Fühlen Sie sich in beiden Welten zu Hause, denn die eine bedingt die andere. So wie oben, so auch unten, so wie innen, so auch außen.

> *»Das Gute, das du heute tust, werden die Menschen morgen oft schon wieder vergessen haben. Tue weiterhin Gutes.«*

Mutter Teresa

7. Weiterführende Literatur

Roethlisberger, Linda: *Der sinnliche Draht zur geistigen Welt*, 8. Auflage 2023, Verlag: tredition Hamburg.
ISBN: 978-3-347-68614-4 (Paperback, 680 Seiten, 13,5 x 21 cm)
ISBN: 978-3-347-68615-1 (eBook)

Andere
- Grün, Anselm: *Mit Herz und allen Sinnen*, Herder, Freiburg i. Br. 1999
- Tolle, Eckhart: *Jetzt! Die Kraft der Gegenwart – Ein Leitfaden zum spirituellen Erwachen*, J. Kamphausen, Bielefeld 2003

Einheit 3

Standortbestimmung im Hier und Jetzt

1. Darum geht es

Trilogos Training

Selbstvertrauen
stärken

Mit dem Glauben können Sie Berge versetzen ... vertrauen Sie darauf, dass Sie es können?

Auch in dieser Einheit werden Sie Ihren PsyQ weiter trainieren und damit Ihren IQ, Ihren EQ und Ihren SQ. Ihre Imagination, Intuition und Inspiration werden dafür Ihre »Trainingsgeräte« sein.

Mit dem nachfolgenden Erlebnis haben Sie eine Übungsmöglichkeit, um einerseits Ihre Fähigkeit des Glaubens, Ihr Vertrauen in Ihre höhere Führung und in Ihren SQ und damit auch Ihr Selbstvertrauen zu stärken. Andererseits erhalten Sie dadurch die Möglichkeit zu erkennen, wo konkret in Ihrem Alltag Veränderungsbedarf ist. Ziel dieser Übung ist es also, eine Standortbestimmung für Ihr Hier und Jetzt zu erarbeiten, anhand derer Sie konkrete Umsetzungsschritte ableiten können. Wer bin ich?, Woher komme ich?, Und wohin gehe ich?, sind dabei die leitenden Fragen. Wertvolle Nebenerscheinungen dieses seelisch-geistigen Trainings sind, wie Sie bereits erlebt haben, die Kommunikationsschulung, Supervision der persönlichen Wahrnehmung, Bescheidenheitstraining, Lernen durch Fehler, die Schulung Ihrer Imagination und vieles mehr.

2. Erlebnis – Mit dem Glauben Berge versetzen

Eine Standortbestimmung für das Hier und Jetzt. Von Michael Noah Weiss (Trilogos Diplom).

Audio – 21. Übung »Mit dem Glauben Berge versetzen«

1. Körper entspannen

1. Grundstufe

Machen Sie es sich, wie gewohnt, bequem auf Ihrem Stuhl … Lockern Sie alle Kleidungsstücke, die Sie vielleicht einengen könnten, und wenn Sie eine Brille tragen, dann legen Sie diese einstweilen ab … Schließen dann Ihre Augen und atmen einmal tief ein … und dann tief aus … und tief ein … und wieder aus …

Mehr und mehr richten Sie nun Ihre Aufmerksamkeit auf Ihren Atem … Sie können fühlen, wie er nach einer Weile wie von selbst wieder ausströmt … ganz in Ihrem eigenen Rhythmus …

Durch den gemächlichen Rhythmus Ihres Atmens wird es in Ihnen und dadurch auch um Sie herum stiller und stiller … Alle Geräusche um Sie interessieren Sie immer weniger … Nur meine Stimme ist Ihr ständiger Begleiter auf dieser Reise, und ich danke Ihnen jetzt schon für Ihr Vertrauen, meiner Stimme weiter zu folgen.

Ihr ganzer Körper darf sich nun eine Entspannungsphase gönnen … Sie spüren, wie Ihre Fußsohlen den Boden berühren … Sie können spüren, wie Ihre Füße und dadurch auch Sie selbst einen sicheren Halt erfahren … Spüren Sie, wie dieses Gefühl sich in Ihrem Körper ausbreitet … Auch die Muskulatur Ihrer Unter- und Oberschenkel entspannt sich dadurch mehr und mehr … Und mit jedem Atemzug entspannen sich nun auch Ihr Becken, Ihre Wirbelsäule und Ihr Kopf mehr und mehr – wie von selbst

... All Ihre Organe arbeiten verlässlich automatisch und beständig ... Ihre Arme hängen nun locker von den Schultern ... spüren Sie, wie Sie auf Ihrem Schoß, den Beinen oder vielleicht auch auf der Stuhllehne aufliegen ... Spüren Sie, wie sich dieses Gefühl bis in Ihre Fingerspitzen hinein ausbreitet ... Auch Ihre Hände sind nun ganz entspannt ... Und Sie können fühlen, wie sich in Ihrem ganzen Körper – von Kopf bis Fuß – mehr und mehr ein wohliges, erholsames Gefühl einstellt.

Sollten Sie vielleicht noch Verspannungen oder gar physische Blockaden in Ihrem Körper wahrnehmen, so können sich auch diese nun mehr und mehr entspannen und lockern ... Durch Ihre Atmung wird Ihr Körper beständig mit wohltuenden, kräftespendenden Energien versorgt ... Und während er sicher und geborgen auf dem Stuhl sitzt, schläft Ihr Körper fast ein ... Aber Ihr Geist ist klar und hellwach ... Und Sie können mehr und mehr in sich hineinhören, in sich hineinlauschen und in eine beruhigende Stille eintauchen.

2. Grundstufe

2. Gedanken und Gefühle zur Ruhe kommen lassen

Durch das sanfte Eintauchen in diese innere Stille kann sich auch Ihre Gefühlswelt mehr und mehr beruhigen ... Alles Emotionale, was vielleicht noch von den letzten Tagen aufgewirbelt ist, darf und kann sich nun mehr und mehr setzen ... wie aufgewirbelter Sand im Wasser, der langsam wieder zu Boden sinkt ... Auch Ihre Gedanken können dadurch immer mehr zur Ruhe kommen ... Sie können Rast machen ... Seelenfrieden kann einkehren in Sie.

Ihr Körper, Ihre Seele und Ihr Geist kommen mehr und mehr in Einklang ... Ziehen Sie dazu symbolisch nun von links nach rechts einen blauen Vorhang vor ... Lassen Sie alles dahinter zurück, was Sie im Moment nicht brauchen, um es später bei Bedarf wieder hier abholen zu können ...

Nun, da Sie den blauen Vorhang zugezogen haben, können Sie sich wieder in Ihrer inneren Mitte, in Einklang mit sich selbst erleben ... und dadurch im Einklang mit der Stille um Sie herum ...

3. Sich mit dem Höchsten/der Schöpferkraft verbinden

3. Grundstufe

Machen Sie dazu nun Ihr Gebet, Ihre Religio mit dem Höchsten ... verbinden Sie sich auf Ihre ganz persönliche Weise mit der Schöpferkraft – wie immer Sie dazu auch sagen mögen ... und fühlen und wissen Sie sich geschützt, geführt und geborgen in und durch diese ewige Verbundenheit.

Genießen Sie dieses All-eins-Sein, dieses Sich-verbunden-Fühlen-und- Wissen, und erleben Sie sich im Einklang mit dem Höchsten und dadurch mit sich selbst ... Göttliche Liebe und ihr Licht können nun durch all Ihre Bewusstseinsschichten fließen und Sie durchströmen ... in und durch diese Verbundenheit können Sie auftanken, entspannen und eine tiefe Ruhe und inneren Frieden finden.

(Arbeit in der Stille)

Während Sie noch immer die tiefe Verbundenheit mit dem Höchsten genießen, nehmen Sie nun eine gute Kraft wahr, symbolisch Ihr geistiger Helfer, der in bedingungsloser Liebe zu Ihnen kommt ... auch wenn Sie ihn vielleicht nicht sehen können, sondern seine Anwesenheit spüren oder einfach wissen, dass er da ist ... In tiefem Glauben und Vertrauen an die Anwesenheit dieser guten Kraft begrüßen Sie sie herzlich – und Sie erinnern sich: Sollte Sie der geistige Helfer aus irgendeinem Grund stören, so können Sie jederzeit um jemand anders bitten.

4. Die innere Welt erwacht, dem geistigen Helfer begegnen

4. Grundstufe

In treuer, sorgsamer Begleitung Ihres geistigen Helfers und in Verbundenheit mit dem Höchsten werden nun Ihre inneren Sinne wieder lebendig, und Sie erwachen in Ihrer Vorstellungswelt inmitten einer wunderbaren Steppenlandschaft ... Eine große Weite eröffnet sich vor Ihnen ... Und obwohl die Morgensonne scheint, dürfte es vor Kurzem hier etwas geregnet haben ... Denn vereinzelt finden sich noch Regentropfen auf den Moosen, Flechten und dem Heidekraut, das hier wächst ... Mehr und mehr können Sie Ihre inneren Sinne auf die Landschaft um Sie herum einstellen ... Die Vegetation erstrahlt in zarten, saftigen Grüntönen ... angenehm würzig duften die Pflanzen hier ... Es ist wohltuend feucht-warm, und die ersten sanften Strahlen der Sonne scheinen auf Ihre Haut ... Leicht weht der Wind ... In einem leisen, fast nicht wahrnehmbaren Rauschen streift er über den Steppenboden. Ansonsten herrscht eine fast schon heilige Stille und Ruhe hier in dieser Landschaft ...

Und wie Sie nun den Blick über die Steppe schweifen lassen, erkennen Sie ein Stück weit vor Ihnen einen großen Stein ... Fast so groß wie ein Tisch ist er ... Wie Sie darauf zugehen, merken Sie, dass er völlig flach ist ... und ganz ohne Ecken und Kanten ... Wind und Wetter haben ihn im Laufe von Jahrtausenden rund geschliffen ... Auch ist der Stein völlig trocken und von der Morgensonne schon angenehm erwärmt ... Sie nehmen darauf Platz ... und wie Sie hier so sitzen, kann sich die entspannende Ruhe und Kraft dieser Steppenlandschaft auch mehr und mehr auf Sie übertragen ... und Sie genießen nun in Verbindung mit dem Höchsten und in Unterstützung Ihres geistigen Helfers die friedvolle Stimmung hier.

5. Überraschung erleben

Wenn Sie möchten, dann reicht Ihnen der geistige Helfer nun eine feine Decke, mit der Sie es sich noch gemütlicher auf dem schönen Stein machen können ... Ihr geistiger Helfer meint nun, dass er gekommen ist, um mit Ihnen zu arbeiten ... Möchten Sie aber jetzt lieber nicht arbeiten, sondern weiter die angenehme Stille hier in der Steppenlandschaft genießen, dann können Sie das gerne tun ... Intuitiv entscheiden Sie sich.

Wenn Sie einfach nur die Stimmung der Landschaft genießen möchten, werden Sie sich jetzt wiederum der Verbindung mit dem Höchsten bewusst, sodass sich nun immer leichter eine harmonische Stimmung in Ihnen ausbreiten kann ... Ihr geistiger Helfer unterstützt Sie gerne dabei.

Wenn Sie aber nun mit dem geistigen Helfer arbeiten möchten, dann folgen Sie seinem Fingerzeig zum Horizont ... Und wie Sie dorthin schauen, können Sie nun in der Ferne einen Gebirgszug ausmachen ... Aus irgendeinem Grund haben Sie ihn vorhin noch nicht entdeckt ... Was wird jetzt mehr und mehr am Horizont für Sie wahrnehmbar? Welche Silhouette zeichnet sich da vor Ihnen ab? Scheint der Gebirgszug groß oder eher klein, wie ein Hügel oder eine Düne? Ist er bewachsen – mit Bäumen oder anderen Pflanzen? Oder ist er karg? Welche Form hat er? Können Sie vielleicht sogar erkennen, aus welchem Stein er ist? Aus Sandstein, Kalk, Granit oder vielleicht sogar Marmor? Mehr und mehr kann nun der Gebirgszug für Sie wahrnehmbar werden.

(Arbeit in der Stille)

Ihr geistiger Helfer meint jetzt, dass das Gebirge symbolisch für einen ganz bestimmten Bereich oder ein Thema in Ihrem Leben steht ... Und als er Ihnen dies mitteilt, beginnt sich der Gebirgszug zu transformieren ... Dort, wo vielleicht vorher nur trockener Sand war, beginnen nun Blumen zu wachsen ... Oder an einer bestimmten Stelle bricht der Felsen auf, und eine Höhle oder gar eine strahlende Felswand aus Kristallen kommt zum Vorschein ... Vielleicht rollen auch Steinbrocken von den Bergen langsam herab, um sich an einer anderen Stelle zu einer gänzlich neuen Felsformation aufzubauen ... Sie, die Sie sich in sicherem, weitem Abstand zu dem Gebirge befinden, können nun mehr und mehr dieses Schauspiel wahrnehmen ... Immer leichter können Sie Ihre inneren Sinne darauf einstellen ... Der geistige Helfer hat dafür auch ein Fernglas mitgebracht, sodass Sie bequem von Ihrem Platz aus alles erkennen können ... Lassen Sie sich Zeit, das Gebirge zu betrachten ...

Sollten Sie Fragen zur Transformation des Berges haben oder zu der Bedeutung, die sie für Sie persönlich hat, so können Sie gerne Ihren geistigen Helfer zu Rate ziehen ... Bereitwillig geht er darauf ein ... und vielleicht weist er Sie nun auch auf ganz spezielle Veränderungen hin, die gerade am Gebirgszug vor sich gehen ... Vertrauen und glauben Sie daran, dass Ihnen nun genau das Richtige ein- und zufällt. (Arbeit in der Stille)

6. Rückweg antreten, Fragen stellen

6. Grundstufe

Wichtige und wertvolle Informationen haben Sie jetzt über den Gebirgszug und seine Transformation erfahren. Sollte Ihnen noch etwas unklar sein, oder sollten Sie weitere Fragen dazu haben, so geht Ihr geistiger Helfer gerne darauf ein.

(Arbeit in der Stille)

7. Grundstufe

7. Abschied nehmen, sich schützen

Langsam, aber sicher ist es Zeit, um sich von Ihrem geistigen Helfer zu verabschieden ... Sie erheben sich wieder von dem Stein, auf dem Sie sitzen ... Das gilt auch, wenn Sie sich die ganze Zeit über auf dem Stein einfach nur entspannt haben ... Ihr geistiger Helfer spendet Ihnen nun noch seinen göttlichen Segen, der Ihnen auch in Ihrem Alltag Schutz und Geborgenheit spendet ... Bedanken Sie sich herzlich für seine Hilfe und Inspiration – danach kehrt Ihr geistiger Helfer zurück in seine Welt ... Und auch Sie kehren wieder in die Welt Ihres Alltags zurück.

Alles, was Sie wahrgenommen haben, lassen Sie nun wieder los – das Wichtigste haben Sie ohnehin automatisch auf Ihrem geistigen Notizblock gespeichert ... Sie schließen und schützen sich jetzt wieder sorgfältig und eigenständig ... Türen und Tore in die geistige Welt schließen Sie wieder ... Eine angenehme Dunkelheit umgibt Sie nun, und in dieser angenehmen Dunkelheit erinnern Sie sich auch an den blauen Vorhang ... Sie ziehen diesen nun wieder auf ... und mit dem Aufziehen des blauen Vorhangs erinnern Sie sich an Ihren physischen Körper ... Sie spreizen die Finger, ziehen sie wieder zusammen ... Dasselbe machen Sie auch mit Ihren Zehen. Auch die Muskeln Ihrer Unter- und Oberschenkel, genauso wie die Ihrer Unter- und Oberarme, spannen Sie kurz an und entspannen sie dann wieder ... Wenn Sie möchten, können Sie auch den Nacken bewegen und sich recken und strecken ... Sie atmen ein paar Mal tief ein und aus und öffnen dann – frisch gestärkt mit neuer Lebenskraft – Ihre Augen und kommen gut im Hier und Jetzt an.

8. Grundstufe

8. Erwachen, zurückkommen

Schreiben Sie das Erlebte auf, und beginnen Sie dann mit der Auswertung.

3. Auswertung

a) Erlebtes

Wie haben Sie die Gebirgskette vor sich wahrgenommen? Beschreiben Sie diese:

Notieren Sie, wie sich der Berg vor Ihnen dann verändert hat. Was haben Sie dort wahrgenommen?

Welche weiteren Impulse haben Sie dazu noch von Ihrem geistigen Helfer erhalten?

b) Assoziationen und Erkenntnisse

Welche Assoziationen und Ideen kommen Ihnen zur Gebirgskette und zu ihrer Transformation in den Sinn?

Welche Assoziationen und Ideen kommen Ihnen zu den Informationen, die Ihnen Ihr geistiger Helfer gegeben hat, in den Sinn?

Falls Sie in einer Gruppe arbeiten

Notieren Sie Symbole, die andere träumten und die Sie für sie deuten ...

... und überlegen Sie, was diese auch für Sie bedeuten können (Selbstreflexion).

Beschreiben Sie, wie Sie Ihren geistigen Helfer diesmal wahrgenommen haben.

c) Brücke in den Alltag: Umsetzung und Nutzen

Halten Sie schriftlich fest, was Ihnen bewusst wird. Welche Erkenntnis wird Ihnen durch die Transformation des Berges bewusst?

Treffen Sie mutig eine Entscheidung, in welchem Lebensbereich Sie Ihre Erkenntnis wie und wann umsetzen.

Notieren Sie Gedanken, Symbole, Bilder, die in ihrer Bedeutung für Sie noch unklar sind und die Sie dennoch als wichtige Geschenke annehmen.

Kehren Sie nochmals in die Stille zurück. Erinnern Sie sich an den Gebirgszug und seine Transformation. Was ist Ihnen dabei offenbar geworden – welche Bedeutung hat die Transformation des Gebirges für Sie?

Welcher Lebensbereich oder welches Lebensthema wurde dabei symbolisch angesprochen?

Sind Ihnen durch die innerlich wahrgenommenen Symbole neue Erkenntnisse bewusst geworden?

Sind Ihnen alte Muster, Haltungen und Überzeugungen bewusst geworden, an die Sie bisher glaubten, die Sie nun aber loslassen können?

Können Sie aus den jetzt erhaltenen Erkenntnissen Veränderungs- und Umsetzungsschritte für Ihren Alltag ableiten? Wenn ja, welche?

Werden Sie sich dadurch bewusst, worauf Sie vertrauen und was Sie glauben sollen, um etwas zur gewünschten Veränderung beizutragen?

Wie würden Sie das in einem Satz formulieren? Wie lautet dieser Satz – dieser Glaubenssatz, den Sie sich jetzt immer wieder in Erinnerung rufen können und auf den Sie vertrauen?

Und zu guter Letzt erinnern Sie sich noch einmal kurz daran, was Sie an Ideen und Assoziationen an Andere weitergegeben haben und was diese Assoziationen nicht nur mit den Anderen, sondern auch mit Ihnen selbst zu tun haben könnten.

d) Rückblick auf »Darum geht es«

Sie haben sich in dieser Einheit mit Ihren Fähigkeiten des Glaubens beschäftigt und wie Sie damit auch Ihre Wirklichkeit mit prägen, verändern und gestalten können.

Der Glaube umschließt nicht nur das, was gemeinhin als Religion bezeichnet wird. Ganz allgemein heißt glauben, etwas nicht zu wissen, aber dennoch darauf zu vertrauen, dass es wahr ist. Sie erleben diesen Glauben im Rahmen des Trilogos Trainings auf zweierlei Weise: Zum einen lernen Sie, auf Ihre Fähigkeiten der Intuition, der Inspiration und Imagination zu vertrauen. Erinnern Sie sich noch an die Eingangsübung mit der Rose, die Sie sich vorgestellt haben? Erkennen Sie, in welchem Maße Ihre Imaginationskraft gewachsen ist, mit welcher Leichtigkeit Sie sich nun die Schritte in den Übungen vorstellen können? Mit dem Funken Glauben in Ihre Fähigkeit, vielleicht auch aus Neugier haben Sie das Werkzeug Ihrer Vorstellungskraft geschmiedet und lernen, es einzusetzen. Sie erleben, wie in diesem Sinne der Glaube tatsächlich Berge versetzen kann.

Zum anderen gelingt es Ihnen mehr und mehr, Ihr Unbewusstes anzuzapfen, um so zu ganzheitlichen Lösungen im Leben zu finden, aber auch, um die Hindernisse auf Ihrem Lebensweg zu identifizieren. Viele dieser Hindernisse haben Sie sich selbst unwissentlich in den Weg gelegt oder legen lassen ... Es sind die Glaubenssätze, die in Ihnen gewachsen sind und die Sie in den Erlebnisreisen immer deutlicher erkennen. Aus unbewussten Glaubenssätzen erwachsen sich selbst erfüllende Prophezeiungen – und gerade auch hier ist der Kontakt zum Unbewussten eine wertvolle Hilfe, um diesen massiven Einflüssen auf das Leben die leidbringende Energie zu entziehen. Mehr noch, Sie erarbeiten sich Möglichkeiten der Transformation, um all jene unbewussten Überzeugungen in Ihrem Leben wie ein Alchimist zu verwandeln, die Sie daran hindern, Ihr Potenzial zu leben.

Welchen Schmerz erfährt ein Mensch, der seit seiner Kindheit glaubt, es nicht wert zu sein, geliebt zu werden? Und welche Befreiung erlebt er, wenn er diesen falschen Glauben transformiert, wenn er erkennt, dass er ein Kind dieses Universums ist? Ebendies ist die Kraft, Berge zu versetzen.

In der Übung haben Sie erlebt, wie sich Berggruppen neu formiert haben. In der Assoziation dazu erkennen Sie, um welchen Lebensbereich es sich handelt, der nach einer Transformation verlangt. Nun ist es an Ihnen, dies umzusetzen – mit der Kraft Ihres Vertrauens in Ihr Potenzial.

Definieren Sie Transformation:

4. Fallbeispiele

4.1 Fallbeispiel

a) Erlebtes

Peter erspähte einen steilen, schroffen und kargen Gebirgszug am Horizont. Es war eine unwirtliche Gegend, die ihn selbst nicht wirklich anzog. Als sich dieser aber zu verändern begann, wuchs auf den kargen Hängen frisches grünes Gras, und die Landschaft wurde plötzlich viel lieblicher. Alle Trostlosigkeit verflog, als die Sonnenstrahlen das Gras berührten und sich in vereinzelten Tautropfen brachen.

Was kommt Ihnen zu Peters Erlebnis in den Sinn?

b) Assoziationen und Erkenntnisse

Jemand assoziierte dazu »etwas zum Erblühen bringen« sowie »seinen EQ aktivieren«. Daraufhin wurde Peter gefragt, ob er momentan gerade dabei sei, seine Gefühle mehr zum Ausdruck zu bringen und ob er damit bis vor Kurzem noch Schwierigkeiten gehabt hätte. Peter antwortete mit »Ja« darauf. Er meinte, der Ausdruck seiner Gefühle sei nun ein Lernziel in seinem Leben geworden.

c) Brücke in den Alltag: Umsetzung und Nutzen

Peter wurde durch dieses Symbol des Berges bewusst, dass er selbst »aufblühen« würde, je mehr er sich seiner EQ-Aktivierung widmete; was sich – wie auch in seinem Erlebnis – anderen mitteilen würde. Der Nutzen, den er sich davon versprach, war, liebevoller und empathischer auf andere Menschen zu wirken, als er dies bisher getan hat. Das Bild der grünenden Hänge bestärkte ihn in dem Vertrauen, dass auch Andere die Veränderung an ihm würden wahrnehmen können. Es zeigte ihm auch, wie er früher auf Andere gewirkt haben mochte, ohne es zu wollen – nämlich schroff und unnahbar. Wann immer es ihm schwerfällt, auf die emotionale Ebene zu gehen, kann er sich nun das Bild vor Augen halten und als Symbol verwenden, das ihn in seiner Entwicklung unterstützt.

4.2 Fallbeispiel

a) Erlebtes

Claudia nahm bei dieser Übung einen Berg wahr, der plötzlich entzweibrach. Aus einem Berg wurden zwei voneinander getrennte Berge. Durch die Spaltung begann Wasser von beiden Bergen zu fließen, wie kleine Bäche, die ins Flachland strömten.

Was kann dieses starke Symbol auf die verschiedenen Lebensbereiche übertragen bedeuten?

b) Assoziationen und Erkenntnisse

Claudia wurde in der Austauschrunde gefragt, ob sie sich momentan in einer Phase befinde, wo etwas »auseinanderreißt«. Sie meinte, ja, sehr sogar, ihre Beziehung sei gerade in die Brüche gegangen. Ein anderer Übungsteilnehmer erinnerte daran, dass erst durch das Auseinanderbrechen des Berges Wasser zu fließen begann. Erst da konnte etwas »ins Fließen kommen« und die umliegende Landschaft befruchten.

c) Brücke in den Alltag: Umsetzung und Nutzen

Diese Symbolik und Interpretation war für Claudia sehr hilfreich. Sie konnte dadurch den Trennungsprozess, in dem sie sich gerade befand, in einem neuen Licht betrachten und auch positive Seiten daran entdecken. Denn letztlich hoffte sie, dass diese Trennung auch »für etwas gut war« – und ebendies wurde ihr durch den Traum gezeigt. Dies wiederum förderte noch mehr ihr Vertrauen in die innere Stimme. Wann immer sie nun Trauer erlebt, kann das Symbol des in die Täler und Auen fließenden Wassers ihr Trost und Zuversicht spenden.

5. Lernziele

Markieren Sie die Lernziele, die Sie bereits erreicht haben.

1. Sie nutzen die eigene Imagination, Intuition und Inspiration als Werkzeuge und werden sich bewusst, wie mit ihrer Hilfe durch Glauben Berge versetzt werden können.
2. Sie erfreuen sich der Standortbestimmung im Hier und Jetzt sowie der daraus folgenden, konkreten Veränderungsschritte.
3. Sie nutzen IQ+EQ+SQ als PsyQ immer ganzheitlicher und bewusster in Ihrem Alltag.
4. Sie lernen, die Kraft des Glaubens für Ihre eigene Existenzbewältigung zu nutzen.

6. Quintessenz

Die Kraft des Glaubens als Ressource

Durch diese Übung wie auch durch die vorangegangene Theorie wird bewusst, welche Verantwortung man trägt bei dem, woran man glaubt. Denn der Glaube beeinflusst unmittelbar die eigene Wirklichkeit, wie Glaubenssätze und auch selbsterfüllende Prophezeiungen aufzeigen.

Die Kraft des Glaubens als Ressource für Veränderungen im Hier und Jetzt zu nutzen ist ein wichtiger Übungsschritt in diesem Buch. Durch den SQ, das heißt durch spirituelle Intervention, werden ebenso Prozesse auf emotionaler und mentaler Ebene in Gang gebracht: Die Entscheidungsfreude und der Eigenantrieb werden aktiviert. Und das ist wichtig: Denn Taten verändern die Welt.

Die individuelle Standortbestimmung im Sinne von IQ, EQ und SQ – also PsyQ –, wie sie durch Übungen nach der Trilogos Methode erfolgt, ist keine statistische Aufstellung, wie hoch Ihre emotionale oder spirituelle Intelligenz ist. Stattdessen lernt jeder, anhand des Erträumten eigenständig zu beurteilen, wo er gerade im täglichen Leben mit seinem Denken, Fühlen und Vertrauen steht. Impulse zur Veränderung und zu tieferem Verständnis seiner selbst erscheinen in Form von klaren Symbolen, die im Alltag immer wieder helfen, ausgeglichen und förderlich für die eigene Entwicklung zu reagieren. Dann wird Selbsteinschätzung zu Selbstheilung.

7. Weiterführende Literatur

Roethlisberger, Linda: *Der sinnliche Draht zur geistigen Welt*, 8. Auflage 2023, Verlag: tredition Hamburg.
ISBN: 978-3-347-68614-4 (Paperback, 680 Seiten, 13,5 x 21 cm)
ISBN: 978-3-347-68615-1 (eBook)

Andere
* McKenna, Jed: *Verflixt Erleuchtung*, Edition Spuren, Winterthur 2002
* Watzlawick, Paul, (Hrsg.) in: *Selbsterfüllende Prophezeiungen:*
  Die erfundene Wirklichkeit. Wie wissen wir, was wir zu wissen glauben?
  Beiträge zum Konstruktivismus. 15. Auflage. Piper, München/Zürich 2002

Einheit 4

Mit-Schöpfer sein

1. Darum geht es

Koinzidenz von Geistigem: Das Medium als Vermittler zwischen Geist und Materie

Wenn zu Beginn der Stufe 1 (Buch 1/6) vor allem vom Unbewussten und seinem verborgenen Potenzial die Rede war, so haben Sie in späteren Büchern 2–6/6 der Stufe 1 gelernt, auch übersinnliche und übernatürliche Phänomene als Ressource zur Entwicklung des Selbst einzusetzen.

Die vielfältigen paranormalen Erscheinungen gehören zu jedem Leben dazu, denn sie sind nichts anderes als Phänomene, die noch nicht verstanden, sehr wohl aber erlebt werden. Lassen Sie uns diese Erfahrungen näher beleuchten, zu denen neben Telepathie, Telemetrie und vielem mehr auch Nah-Tod-Erlebnisse und Koinzidenzen zählen. Nehmen wir als Beispiel einen Mann, der um 2 Uhr nachts mit der festen Gewissheit erwacht, dass sein Freund gestorben sei. Dieser hatte ihn nämlich soeben während des Schlafs – im Traum – angerufen und sich von ihm verabschiedet mit den Worten: Danke für alles, ich verlasse jetzt diese Erde – werde mich bald aber wieder bei dir melden ...

Koinzidenz von Geistigem

Andern Tags erfährt der Mann, dass tatsächlich sein Freund in jener Nacht um 2 Uhr verstorben ist. Einige Tage später erlebt er **Apport-Phänomene**, das heißt, Zeichnungen vom soeben verstorbenen Freund, die sein Büro zierten, »fliegen« mysteriös durch den Raum auf seinen Schreibtisch – und dieses Phänomen wiederholt sich während der kommenden drei Monate mindestens einmal in der Woche.

Transfiguration

Ein anderes Phänomen, wie sich Geistiges über das Medium ausdrücken kann, ist die **Transfiguration**. Das Transfigurations-Medium stellt sein Gesicht der geistigen Welt »zur Verfügung«. Wie beim Maskenbildner, von unsichtbarer Hand geformt, erleben die Zuschauer, wie sich das

Gesicht des Mediums zu »modellieren« beginnt – ja plötzlich den Ausdruck eines verstorbenen Bekannten oder Verwandten des Betrachters annimmt.

Das **Trance-Medium** lässt in Hypnose beispielsweise einen verstorbenen Sänger durch sich hindurch singen. Das Medium schaltet dafür das eigene Bewusstsein und den eigenen Willen aus – es begibt sich in Trance und überlässt sich seinem geistigen Helfer. Die geistige, nicht-inkarnierte Kraft – in diesem Beispiel der Sänger – darf Kehlkopf, Stimmbänder und Mund des Trance-Mediums benutzen, um sich akustisch für alle wahrnehmbar, mittels seiner typischen Stimme und seines bekannten Songs, zu erkennen zu geben. Ähnlich funktioniert dies beim Schreib- oder Mal-Medium: Das nicht-inkarnierte Bewusstsein nutzt körperliche Funktionen des Mediums, um sich zu erkennen zu geben.

Bei der Trilogos Methode mögen solche übernatürlichen und übersinnlichen Beispiele – die Zeugnis des Machbaren, Erlebbaren und Möglichen und somit ein zwar noch nicht erklärbares, aber natürliches Phänomen sind – als Ansporn dienen, um vorläufig die eigenen emotionalen und mentalen Anlagen fleißig weiter zu trainieren. Der individuelle Alltag (Gesundheit, Beziehung, Beruf) soll tagtäglich »zum kleinen Wunder übernatürlicher Phänomene« erblühen dürfen. So darf Natürliches lebendig werden ...

Entdecken Sie das tiefe Geheimnis des Zufalls, der Koinzidenz auf realer Ebene ... Was gibt es Schöneres auf Erden, als Fügungen erleben zu dürfen? Es fügt sich – wie in einer Fuge – bekanntlich alles, was sich fügen soll.

Wer sich vom medialen Mentaltraining hin zum Emotional- und/oder Mental-Medium entwickelt, treibt die Befreiung der eigenen Individualität ganzheitlich voran und ist in der Lage, ausgeglichen in Synergie, Synchronizität und Koinzidenz mit dem geistigen Prinzip oder spirituellen Plan das Paradies auf Erden selbstverantwortlich zu hegen und zu pflegen.

Wer den Tod nicht liebt, kann das Leben nicht lieben; wer das Leben fürchtet, muss den Tod fürchten ... Leben und Tod werden durch das Trilogos Training neu erfahren, wie auch Sie in den vorangegangenen Büchern erlebt haben. Wer den Tod nicht fürchtet, nicht länger verdrängt, lässt Lebensfreude im Alltag einkehren; regelmäßige Standortbestimmungen und mutige Transformation auf psychischer Ebene befreien und führen zu einer Sinnfindung. Dazu gehören auch die Integration und Kooperation von übersinnlichen Wundern im praktischen Alltagsleben (Gesundheit, Beziehung, Beruf) für sich und dadurch für die anderen.

Das will als Ziel der praktisch angewendeten Trilogos Methode verstanden werden. Das Medium dient als Vermittler zwischen Geist und Materie. Koinzidenz von Geistigem wird nicht als Zufall in seiner allgemeinen Bedeutung abgetan, sondern als weitere Ressource und Impuls genutzt, aus dem heraus Kreativität und Innovation entstehen – wie Beispiele aus der ganzheitlichen Forschung in den USA und anderen Ländern zeigen, bei der neben Wissenschaftlern aus allen Bereichen auch namhafte Medien involviert sind.

Hilfe zur Selbsthilfe

Träume, Symbole, Eindrücke, die während einer Bilderreise wahrgenommen werden, sind ein kostbares Gut - »Perlen« eben -, das vom Träumer selbst gefunden, erforscht, erkannt, ausgedrückt und formuliert wird. Deutung und Bedeutung, Verknüpfen oder in Resonanz mit dem Alltag bringen (Gesundheit, Beziehungen, Beruf dienen als symbolische Lebensschullehrer), werden zum Hilfsmittel des »Erziehe dich selbst«, das der alten Volksweisheit »Hilf dir selbst, dann hilft dir Gott« entspricht. Damit beginnt der Selbstfindungsweg – die Trilogos Methode kann zu einer wertvollen seelisch-geistigen Selbsterziehungs- und psychischen Trainingsmöglichkeit werden.

Sie lernen verdrängte und unbewusste Aspekte Ihrer selbst zu erkennen und anzuerkennen. Durch diesen Prozess, der Achtung und Wertschätzung Ihrer selbst beinhaltet, wird sich auch die Wertschätzung gegenüber Ihren Mitmenschen, Ihrer Umwelt verändern. Sie werden anderen gegenüber kongruenter, wahrhaftiger und mit mehr Respekt handeln.

Innere Reife und gelebte Kompetenz im Menschsein (PsyK) – Impulse der Verantwortung des Einzelnen für das Ganze – bleiben Ziel.

Zusammenfassung

Listen Sie Hindernisse auf, die Ihnen heute noch in Ihrem Alltag im Weg stehen.

Beschreiben Sie Ihre Motiviation: Wie erleben Sie Ihre Motivation bei der Umsetzung vorgenommener Maßnahmen?

Notieren Sie, wie Sie damit umgehen.

Wie leicht fällt es Ihnen, gefällte Entscheidungen mit einem klaren »Ja, ich will ...« auch tatsächlich verbindlich und ernsthaft umzusetzen?

Hier erkennen Sie die Dynamik Ihrer drei Kräfte IQ+EQ+SQ erneut und wie diese in Ihrem Lebensalltag zusammenwirken – Sie nutzen Ihre psychospirituelle Intelligenz (PsyQ) immer bewusster. Je mehr Sie mittels Ihres PsyQ lernen, vergessene Prägungen, Glaubenssätze, verdrängte Gefühle, überholte Muster oder, zusammengefasst, Schattenseiten in das Licht Ihres Bewusstseins zu rücken, desto eher können Sie sie auch verändern, diskreieren, »erlösen«, neue Lösungen finden und Neues kreieren. Ihr Verhalten Ihnen und Ihrer Umwelt gegenüber ändert sich. Durch diesen Transformationsprozess erlangen Sie Bewusstheit.

Um diesen Transformationsprozess beschreiten zu können, brauchen Sie die starke Kraft an Ihrer Seite, die Sie Schutz, Führung und Geborgenheit empfinden lässt. Deshalb spielt bei der Trilogos Methode die Einbindung des SQ eine so zentrale Rolle. Durch die Erlebbarkeit (EQ) der Verbindung, der Religio zum Höchsten (SQ) – wie Sie in den vorangegangenen Übungen erfahren haben – haben Sie viele Perlen aus dem Unbewussten, dem spirituellen Unbewussten[5] ertaucht – immer im Vertrauen darauf, dass Ihre höhere Führung Ihnen genau das zukommen ließ, was für Sie gerade richtig, wichtig und verträglich ist. Durch den Kontakt zur Realität des Numinosen, des Spirituellen, Geistigen haben Sie mit Ihrer weiteren Erfahrung immer leichter Brücken zu Ihrer Existenz im »Hier und Jetzt« geschlagen. Die Impulse der geistigen Welt haben Sie vielleicht einen neuen Sinn finden lassen in einer konkreten Situation und

---

5   Viktor Frankl, bekannt geworden durch seine Studien über Sinnfindung und seine Erlebnisse im Konzentrationslager, war einer der Ersten, der über die Verbindung von Spiritualität und Psychotherapie schrieb. Mehr dazu in: Viktor Frankl, Der unbewusste Gott – Psychotherapie und Religion. dtv, München 2006

im Leben allgemein. Umsetzungs- und Veränderungsschritte konnten so eigenständig und unabhängig erarbeitet werden (IQ). Selbsterziehung wurde möglich – Bewusstheit kann Schritt für Schritt erlangt werden und somit die persönliche Bewusstseinsschulung erfolgen. Die Mystik des Herzens erwacht.[6]

Freuen Sie sich heute schon auf Ihre persönliche Standortbestimmung im Außen – zum Beispiel mittels einer Förderabklärung. Psychologisch-graphologische Handschriftenanalysen eignen sich sehr gut dazu.

2. Erlebnis – Dem Ruf des Herzens folgen

In dieser Übung erleben Sie den Weg zu Ihrer Wahrheit. Der Strahl der Liebe richtet das Bewusstsein auf das Vollkommene in Ihnen ...

Audio – 22. Übung »Dem Ruf des Herzens folgen«

1. Körper entspannen

1. Grundstufe

Entspannen Sie Ihren Körper, wie Sie es in den vorherigen Übungen gelernt haben ... von Kopf bis Fuß ... von Fuß bis Kopf ... ruhig strömt Ihr Atem ein und aus, innehalten ... ein und aus, innehalten ... Sie freuen sich, immer leichter von Ihrem Alltagsleben Abstand nehmen zu können ... Immer tiefer können Sie sich entspannen ... immer leichter fällt es Ihnen, sich auf sich selbst einzulassen – in sich hinein zu fühlen und hinein zu lauschen ... Alle Geräusche, die Sie von der Außenwelt noch wahrnehmen können, interessieren Sie immer weniger ...

6　Riedel, Ingrid: Mystik des Herzens. Meisterinnen, innere Freiheit, Kreuzverlag, Freiburg i.Br. 2010

Sie genießen den erwachenden inneren Frieden und die in Ihnen wahrnehmbare Harmonie ... Erinnern Sie sich wieder an Ihren »inneren Kraftort« – an den »Raum der Stille in Ihrem Innersten« ...

2. Grundstufe

2. Gedanken und Gefühle zur Ruhe kommen lassen

Lassen Sie nun auch Ihre inneren Welten, die Welt Ihrer Gedanken und Gefühle, Ihrer Glaubenssätze, Ihrer Vorstellungen und Überzeugungen zur Ruhe kommen, so wie Sie es in den vergangenen Übungen gelernt haben ...

3. Grundstufe

3. Sich mit dem Höchsten/der Schöpferkraft verbinden

Ganz bewusst verbinden Sie sich wieder mit der ewigen Schöpferkraft, mit dem Großen Geist. Sie wissen sich geschützt, geborgen und geführt in dieser Kraft und freuen sich, wieder einen geistigen Helfer als treuen spirituellen Wegbegleiter bei sich zu wissen.

Ganz tief atmen Sie aus. Sie spüren nun immer besser, was der Sinn Ihres menschlichen, irdischen Daseins sein könnte ... Sie akzeptieren die Schönheiten Ihrer Welt genauso wie die graue Alltäglichkeit. Beides zusammen nehmen Sie in Ihrer Seele auf. Sie spüren die Kraft des Guten in sich wirksam werden. Ihr Bewusstsein richten Sie nach innen und versinken in der aus sich selbst strahlenden Quelle der Lichts.

Im persönlicher Einklang mit Ihrem Selbst und Ihrem höheren Selbst genießen Sie das tiefe Verbundensein mit Ihrem wahren Selbst sowie Ihrer Schöpferkraft ... Tief atmen Sie die heilenden Energien ein und aus ... regenerieren und stärken Ihre Selbstheilungskräfte und genießen diese ... Immer dichter fließen die Heilenergien der Liebe und des Lichts, Sie zerfließen in Ihnen, und Sie empfinden, dass Sie auf den Empfang der göttlichen Urkraft eingestellt werden. Sie entspannen sich weiter, und die Urkraft des Guten wird immer wirksamer. Sie strahlen in Ihrer erwachten Vorstellungswelt nach Norden, Süden, Osten, Westen, nach oben und nach unten, nach innen und nach außen.

4. Die innere Welt erwacht, dem geistigen Helfer begegnen

4. Grundstufe

Im Strahl der Liebe erleben Sie, wie Sie selbst immer durchsichtiger werden. Viele Helfer sind mit Ihnen, die Sie begrüßen. Alle inneren Schranken und Vorbehalte lösen Sie jetzt auf. Das Licht wird heller, Ihre geistigen Helfer führen Sie auf dem Weg zu Ihrer absoluten Wahrheit. Der Strahl der Liebe richtet das Bewusstsein auf das Vollkommene in Ihnen. Sie fühlen in sich eine geistig belebende und lenkende Kraft. Aus ihr heraus verstehen Sie Ihre eigene geistige Wesenheit immer besser.

5. Überraschung erleben

5. Grundstufe

Nach dem Sie mit Ihrer inneren Weisheit in Kontakt getreten sind, nehmen Sie wahr und beobachten, wie diese gute Kraft Sie auf eine Phantasiereise begleitet – sichtbar oder unsichtbar –, auf einen Besuch in die Wüste … an den Ort, wo alle schönen Worte enden, wo keine Worte mehr nötig sind … Die geheimnisvolle Stille wird lebendig … in Ihnen und um Sie herum.

So werden Sie mit dem Mythos der »Stille« wieder neu vertraut gemacht. Vielleicht entdecken Sie eine symbolische Himmelstreppe in Ihrer Vorstellung, die Sie nun hinaufschreiten möchten, damit die königliche Seele zu ihrem Vater, dem Sonnengott, und zu ihrer Mutter, der Mondgöttin, findet …

Eine Himmelsleiter, die über das Zeitliche hinaus geht, in dem sie benutzt werden – entsteht in Ihrer Vorstellungs- und Phantasiewelt … Und Sie erkennen, dass Sie diese Treppe auch dazu dienen mag, um aus dem Himmel immer wieder neu in die physische Materie hinabsteigen zu können …

Und während Sie nun die Treppe erklimmen, erleben Sie sich der Ewigkeit teilhaftig und beobachten, wie Ihr geistiger Helfer Sie schließlich dort innehalten lässt, wo Sie innehalten dürfen … wo Sie ruhig und still werden können … Ganz bei sich, in sich sind Sie – verbunden mit dem Höchsten erleben Sie sich – im Einklang mit dem Großen, ewigen Klang … In diesem tiefen Eins-Sein mit sich und Ihrer Welt will Ihr spiritueller Weggefährte Sie jetzt mit ur-altem Wissen von Ihnen und an Sie bereichern und wieder neu inspirieren ... Wofür erleben Sie sich gerufen, ja berufen? Ihr Herz beginnt zu sehen ...

Sie stellen sich lebhaft vor, dass Sie in Ihrer Phantasiewelt gemeinsam mit Ihrem geistigen Helfer vor einem großen Tor stehen, das sich jetzt automatisch öffnet ... Gemeinsam – immer in treuer Begleitung mit Ihrem geistigen Weggefährten – treten Sie ein, in jenen Raum, in den Sie sich berufen fühlen. Wo sind Sie? Was nehmen Sie wahr? Was kommt Ihnen in den Sinn? Was fällt Ihnen ein? Wo genau sind Sie? Wie sieht es hier aus? Wie erleben Sie die Atmosphäre?

Gut merken Sie sich alles, was Ihnen jetzt ein-fällt, zu-fällt ...

Achtsam merken Sie sich etwas ganz Spezielles, auf das Sie Ihr geistiger Helfer jetzt aufmerksam machen möchte ... Was genau zeigt er Ihnen? Was können Sie beobachten?

Vieles wirkt vielleicht rätselhaft ... was immer Sie jetzt hier in diesem, Ihrem ganz speziellen Herz-Raum erleben ... Sie wollen gut zuhören, was Ihre innere Stimme, Ihre innere Weisheit Ihnen jetzt mitteilen möchte ... Profitieren Sie vom gemeinsamen, telepathischen Austausch mit Ihrem geistigen Helfer ... Sie dürfen innerlich alles fragen, was Sie wissen möchten ... merken Sie sich all seine Eingebungen ... merken Sie sich alles gut ... was immer Ihnen jetzt intuitiv in den Sinn kommt ...

Folgen Sie dem Ruf Ihres Herzens ... was will Ihnen hier und jetzt bewusst gemacht werden?

(Arbeit in der Stille)

6. Grundstufe

6. Rückweg antreten, Fragen stellen

Es wird Zeit zum Umkehren, Sie bedanken sich bei Ihrer geistigen Begleitung für das Zusammensein, hier in diesem ganz speziellen Raum, wo Sie den Ruf Ihres Herzens wahrnehmen können ...

Was gibt es im praktischen Alltag zu tun? ...

Nutzen Sie das Zusammensein mit Ihrem geistigen Helfer. Fragen Sie alles, was Sie jetzt wissen möchten ... lassen Sie sich inspirieren von seiner Weisheit und Güte, lernen Sie ...

(Arbeit in der Stille)

Gemeinsam mit Ihrem spirituellen Wegbegleiter verlassen Sie leichten Fußes wieder diesen Raum ... und das Tor schließt sich automatisch hinter Ihnen ...

Leichten Fußes begleitet Sie Ihr geistiger Helfer die Himmelsleiter wieder hinunter ... gut wieder unten angekommen, nehmen Sie die goldgelb-ockerfarbene Hochebene noch einmal vor sich wahr, die sich bis ins tiefblaue Nichts erstreckt ... nehmen Sie diese Weitsicht tief in sich auf ... tief atmen Sie die göttliche Liebe und ihr Licht noch einmal ein und aus ... Sie lassen den Strahl der Liebe jetzt über die ganze Erde fließen. Alle Wesen im unendlichen All, alle Menschen, Tiere und die Natur tauchen in die göttliche Urkraft ein.

7. Abschied nehmen, sich schützen

7. Grundstufe

Es wird Zeit, dass Sie sich bei Ihrem geistigen Helfer herzlich bedanken für alles, was Sie wieder gemeinsam mit ihm erfahren durften ... Lassen Sie sich zum Abschluss wieder seinen Segen schenken ... Sie schließen dazu symbolisch Ihre inneren Augen und damit alle anderen inneren Sinne ... Sie wissen und erleben sich geschützt vor unnötigen Einflüssen von außen und geborgen in Ihrer inneren Kraft ... Sie wissen sich tief verbunden mit Ihrer Schöpferkraft ... wieder ganz bei und in sich ...

Ruhig erinnern Sie sich wieder ans Hier und Jetzt ... wie ein Traum, der langsam zu Ende geht, lösen sich all Ihre inneren Visionen auf, eine angenehme Ruhe erfüllt Sie ... und damit eine angenehme Dunkelheit.

8. Grundstufe

8. Erwachen, zurückkommen

IQ + EQ + SQ = PsyQ. Die Möglichkeit, das zu entwickeln und zu leben, was in Ihnen angelegt ist, ist motiviert und aktiviert. Durch regelmäßiges seelisch-geistiges Training erwerben Sie – nebst einer guten Intuition und einem Kontrollpodium Ihrer persönlichen Wahrnehmung – Kompetenz, Authentizität und Kongruenz. Sie werden zu dem, der Sie sind. Der bewusste Nutzen Ihrer individuellen Schöpferkräfte ermöglicht es Ihnen, Ihren Selbstfindungsweg getrost weiterzugehen: Der Weg wird zum Ziel. Individuelle Fähigkeiten und dadurch das ganze Potenzial Ihrer Persönlichkeit können immer besser – unabhängiger und freier – zur vollen Entfaltung gebracht und als verantwortungsvoller Mit-Schöpfer in den Dienst des Lebens gebracht werden. Die magische Kraft Ihrer Intuition hilft Ihnen dabei. Und Ihre Intuition ist erlernbar: Ihre spirituelle Kompetenz, die Fähigkeit, sich mit dem Höchsten und dem Innersten zu verbinden (Ihr Glaube), Ihre emotionale Kompetenz, die Fähigkeit, die eigenen Gefühle wahrzunehmen und sich darüber Rechenschaft abzulegen, und Ihre intelligente Kompetenz, die Fähigkeit, bewusst Entscheidungen zu fällen und die eigenen Taten und Worte zu begründen, wirken und bewirken immer leichter. Die Fähigkeit, das Leben im persönlichen Umfeld in voller Verantwortung zu meistern, zeugt von Ihrer Persönlichkeit.

Ruhig erwacht auch Ihr physischer Körper wieder im Hier und Jetzt – spüren Sie den Boden der Wirklichkeit wieder unter Ihren Füßen, atmen Sie dreimal tief ein und aus, öffnen Sie Ihre Augen und fühlen Sie sich fit und entspannt – erfüllt wieder mit neuen Inspirationen, vielleicht gar mit neuen Visionen.

3. Auswertung

a) Erlebtes

Wie lautet der Ruf Ihres Herzens?

Notieren Sie von Ihnen für Sie geträumte Symbole ...

b) Assoziationen und Erkenntnisse

... und deren eigene Deutung (subjektive Wahrheit).

Falls Sie in einer Gruppe arbeiten

Notieren Sie Symbole, die andere träumen, die Sie für andere deuten ...

... und was diese für Sie bedeuten können (Selbstreflexion).

Beschreiben Sie, wie Sie Ihren geistigen Helfer diesmal wahrgenommen haben.

Wo führt Sie der Ruf Ihres Herzens hin?

b) Brücke in den Alltag: Umsetzung und Nutzen

Halten Sie schriftlich fest, was Ihnen bewusst wird.

Treffen Sie mutig eine Entscheidung, in welchem Lebensbereich Sie die Erkenntnis wie und wann umsetzen.

Notieren Sie Gedanken, Symbole, Bilder, die in ihrer Bedeutung für Sie noch unklar sind und die Sie dennoch als wichtige Geschenke annehmen.

d) Rückblick auf »Darum geht es«

Erklären Sie »Apportphänomen«.

Erklären Sie »Transfiguration«.

Beschreiben Sie, wie ein Transfigurations-Medium vorgeht. Vergessen Sie den ersten Schritt nicht.

Erklären Sie »Trance«.

Erklären Sie, was bei der Trilogos Methode »physisch-physikalische Entwicklung« bedeutet und was der Sinn der praktischen Anwendung ist.

Erklären Sie »Koinzidenz« mit einem Beispiel aus Ihren Erfahrungen.

Erklären Sie »Koinzidenz« und »Synchronizität« im Zusammenhang mit dem Trilogos Training und physisch-physikalischer Medialität.

Erklären Sie Sinn und Zweck des »Trilogos Trainings«.

Warum ist es wichtig, dem Ruf Ihres Herzens immer wieder neu zu folgen?

4. Fallbeispiele

4.1　Fallbeispiel

a) Erlebtes

Andrea nahm sich bei dieser Übung in einem wunderbar warm leuchtenden, orangefarbenen Licht wahr, das aus ihrer Mitte heraus strahlte.

Welche Bedeutung hat die Farbe Orange?

....

....

....

b) Assoziationen und Erkenntnisse

Jemand in der Übungsgruppe assoziierte dazu: »Durch Kreativität Heilung erfahren«. Für Andrea machte das durchaus Sinn, denn ihre Kreativität hatte sie lange nicht bewusst genutzt. Sie erinnerte sich aber, dass früher, wenn sie gemalt oder gebastelt hatte, sie immer in einen sehr ausgeglichenen Zustand gekommen war. Sie nahm den Impuls dankend an und beschloss, wieder einmal ein Mandala zu malen.

c) Brücke in den Alltag: Umsetzung und Nutzen

Dieses Erlebnis war ausschlaggebend für Andrea, sich wieder mehr mit ihrer Kreativität auseinanderzusetzen. Sie erhoffte sich dadurch, mehr Wohlbefinden und Lebensfreude finden zu können.

4.2   Fallbeispiel

a) Erlebtes

Anton nahm bei dieser Übung einfach ganz tiefe innere Ruhe und Frieden wahr. Was würden Sie Anton mit auf den Weg geben?

....

....

....

b) Assoziationen und Erkenntnisse

Einem der Gruppenteilnehmer kam dazu in den Sinn, dass, wenn jeder Mensch aus tiefem innerem Frieden heraus handeln würde, es keine Gewalt mehr gäbe. Auch wenn es einfach klinge, sei es aber letztlich so.

c) Brücke in den Alltag: Umsetzung und Nutzen

Anton nahm diese Assoziation gerne an. Er meinte, dass er es sich nach diesem Erlebnis zum Ziel machen wolle, die Übung in seine Alltagsroutine aufzunehmen und aus dieser friedvollen Kraft heraus zu handeln. Schon allein die innere Stabilität und der innere Frieden seien ihm in seinem Alltag von großem Nutzen. Wenn dadurch andere motiviert würden, es ihm gleichzutun, dann umso besser.

5. Lernziele

Markieren Sie die Lernziele, die Sie bereits erreicht haben.

1. Sie erkennen die Kraft Ihres PsyQ, Ihr menschliches Potenzial mehr und mehr – Sie wollen sich verwirklichen und dadurch eine natürliche Persönlichkeit – Leit- und Vorbild – werden, sein und bleiben. Ganz nach dem Motto: Behandle andere so wie du möchtest, dass sie dich behandeln.
2. Sie lernen innere Werte im Außen leben.

6. Quintessenz

Bei dieser Übung kann das Wahrgenommene als wertvoller Impuls gesehen werden, um damit Brücken in den Alltag zu errichten. Die Frage »Was hat das Wahrgenommene mit mir zu tun?« steht dabei, wie in vielen Lerneinheiten zuvor, im Vordergrund. Sie will Selbstreflexion, Selbsterkenntnis sowie Selbstverantwortung bei der Umsetzung des Erkannten fördern – denn auch Sie sind sich bewusst, dass Sie als Vorbild wirken.

SQ und EQ

Die Erfahrung der Verbundenheit mit dem Höchsten sowie mit den geistigen Helfern kann als tiefes spirituelles Erlebnis – als sogenanntes transpersonales Erlebnis – erfahren werden. Aus diesem Gefühl der tiefen Verbundenheit mit dem Höchsten kann die Verbundenheit mit dem höheren Selbst intensiviert werden, um auf diese Weise das Vertrauen in die innere Stimme und ihre Zeichen auf dem eigenen Individuationsweg zu stärken und immer sicht- und greifbarer für alle werden zu lassen.

Praktische Übungen, die Sie bereits kennengelernt haben

Bekanntes zum Weiterüben

22 praktische Übungen haben Sie jetzt kennengelernt. Welches davon ist Ihre Lieblingsübung? Erstellen Sie sich Ihre ganz persönliche Favoriten-Liste. Sind Sie sich bewusst, dass diese sich in ein, zwei Jahren völlig ändern kann ...

Zusammengefasst haben Sie die folgenden wichtigsten Arbeits-und Lerntechniken des Trilogos Trainings erfahren:

- Raum der Stille (Spirituelles Heilen, Fernheilen u. Ä.): Buch 2

- Vom medialen Mentaltraining zum Emotional- und/oder Mental-Medium: In Kontakt mit verstorbenen Geistwesen: Bücher 1, 3, 5

- Psychometrie: Buch 2

- Auralesen (emotionale und/oder mentale und eventuell kausal-spirituelle Aura): Bücher 4, 5

Vielleicht haben Sie auch die Vorteile der Arbeit in der Gruppe kennengelernt und sind nun bereit, Ihre Erkenntnisse und Fähigkeiten gemeinsam mit anderen zu erleben.

Abschließend hoffe ich, dass die Übungen dieses Lehrgangs und seine Gedanken Sie inspiriert haben und ein gedankliches Zuhause geworden sind, in dem Sie auf Ihre Weise wachsen und sich entfalten können.

Der Nutzen für den Teilnehmenden an diesem Lehrgang ist das schrittweise Erreichen psychischer Balance und Ausgeglichenheit, ebenso wie die gesteigerte Fähigkeit, alltägliche Herausforderungen auf ganzheitliche Weise anzugehen und zu lösen. Das Trilogos Training dient somit der Sinnfindung und Werterfüllung sowohl auf individueller wie auch kollektiver Ebene. Leben Sie die Kompetenz im Menschsein, als Teil dieser großen Gemeinschaft, in sich vollendender Ethik zum Nutzen aller für eine bessere Welt.

»Zu glauben ist schwer, nichts zu glauben ist unmöglich.«

Victor Hugo

7. Weiterführende Literatur

Roethlisberger, Linda: *Der sinnliche Draht zur geistigen Welt*, 8. Auflage 2023, Verlag: tredition Hamburg.
ISBN: 978-3-347-68614-4 (Paperback, 680 Seiten, 13,5 x 21 cm)
ISBN: 978-3-347-68615-1 (eBook)

Andere
- Frankl, Viktor: *Der unbewusste Gott – Psychotherapie und Religion*, dtv, München 2006
- Riedel, Ingrid: *Mystik des Herzens. Meisterinnen, innere Freiheit*, Kreuzverlag, Freiburg i. Br. 2010
- Thich Nhat Hanh: *Nenne mich bei meinem wahren Namen*, Herder, Freiburg i. Br. 1998

Nachwort

In dem vorliegenden autodidaktischen Lehrgang sind Sie in Ihrer Phantasie zu magischen Orten gereist, vor und zurück in der Zeit, und haben Ihre Intelligenz, Ihre Gefühle und Ihre Spiritualität gleichsam zu Lösungen im Alltag herangezogen. Ziel war – und bleibt – die ganzheitliche Entwicklung der Persönlichkeit, bezogen auf Ihr tägliches Leben mit seinen Herausforderungen in Ihrem Beruf/Ihrer Berufung, Ihrer körperlichen Verfassung und Ihren Beziehungen.

So wie jeder Weg mit einem Schritt beginnt und sich aus vielen Schritten zusammensetzt, die nacheinander getan werden, gestaltet sich auch die innere Entwicklung des Menschen. Gewiss tun wir beizeiten auch einen Schritt zurück, um dann aus einer Sackgasse heraus einen Sprung über Hindernisse hinweg zu wagen und erneut unseren Pfad zu gehen.

In der Erkenntnis Ihrer selbst wächst die Einsicht, dass mit dem nötigen Werkzeug jedes Hindernis auf dem Weg zu einer Herausforderung werden kann, der Sie mit Geduld und Mut begegnen können. Laotse sprach vom Wasser als einem Element, das stärker als der Fels sei und der Welt Allerhärtestes ereilt und überholt. Und so können auch Sie, fließend und unablässig in Ihrer Arbeit an sich selbst, sprudelnd vor Kreativität, aus dem anstrengenden Weg einen Fluss machen und sich mit diesem in Einklang begeben. Und: Sie können andere an Ihrem inneren Wachstum teilhaben lassen, indem Sie einfach sind wie Sie sind: empathisch, authentisch, geduldig, beharrlich im Suchen nach der wahren Wahrheit.

Ziele sind, wie eingangs erwähnt, notwendig, um die kleinen Schritte zu einem Pfad werden zu lassen. Doch wer sein Ziel erreicht, ist nicht am Ende: Ihm eröffnet sich ein Blick auf das, was vor ihm liegt, das zuvor nicht zu sehen war und sich nun doch ausbreitet wie die Bergketten in weiter Ferne, die erst auf dem Gipfel sichtbar werden, wenn der Blick in die Ferne schweift. Dann werden Ziele zu Visionen.

Und unsere Welt braucht Visionen. Wir leben in einer Zeit der Zerrissenheit. Zu gut gelingt es uns, die Realität auszuklammern. Doch sind wir als Menschen mit allem und allen vernetzt – wie auch Sie anhand der Übungen in den einzelnen Lerneinheiten erfahren haben.

Vielleicht kennen Sie das Gedankenspiel, wenn die Welt ein Dorf wäre und 100 Einwohner zählen würde?

Wenn die Welt heute ein solches Dorf wäre, dann wären von den 100 Einwohnern circa 60 aus Asien, 16 aus Europa, 13 aus Nord- und Südamerika und 11 aus Afrika. 82 der 100 Menschen hätten keine ausreichenden Wohnverhältnisse, 74 wären Analphabeten, 62 unterernährt, 18 hätten kein sauberes Wasser zu trinken.

Wenn Sie dieses Beispiel weiterspinnen, so lässt sich rundrechnen: Sollten Sie heute Morgen gesund aufgewacht sein, dann sind Sie glücklicher als 1 Million Menschen, die die nächste Woche nicht erleben werden. Von diesen Menschen hat nur ein verschwindend geringer Prozentsatz Zugang zu medizinischer Versorgung. Wenn Sie zu Hause einen kleinen Vorrat an Essen haben, sauberes Wasser zu trinken, Kleidung, und sei es nur ein einziges Set, dazu ein Dach über dem Kopf und ein Bett zum Schlafen, sind Sie reicher als 75 Prozent der Menschheit. Wenn Sie dazu noch ein Konto bei der Bank haben, etwas Geld im Portemonnaie oder Kleingeld in einer kleinen Schachtel, gehören Sie zu den 8 Prozent der wohlhabenden Menschen auf dieser Welt. Und doch erleben auch Sie die Angst vor Krisen, vor Armut, Einsamkeit, Krankheit; und auch wenn Sie, da Sie dieses Buch erwerben und lesen konnten, zu den Privilegierten gehören, scheint das Lebensglück oft in weiter Ferne zu sein. Mit der Trilogos Methode haben Sie das Werkzeug in der Hand, sich Tag um Tag Ihrem Leben zu stellen. Auch wenn eine schwierige berufliche oder private Situation oder eine schwere Krankheit Ihr Leben erschüttern, gibt es Wege aus der Krise – wenn nicht im Außen, so im Innen. Viele Menschen, die eine solch schwere Zeit durchleben, erkennen, dass es zugleich eine reiche Zeit ist, die Erkenntnisse schenkt, zu denen wir in der Hektik des Alltags oftmals gar nicht gelangen. Aus diesen Erkenntnissen erwachsen innere Freiheit und Freude. Diese kann in Momenten stattfinden, und Sie und andere können auf Ihrem Weg davon zehren, bis Ihr ganzes Wesen von Freude und Liebe erfüllt ist.

Wann immer Sie Fragen haben: Richten Sie diese an den geistigen Helfer, an Ihr Unbewusstes, Ihre verborgene Weisheit. Erleben Sie, wie Licht ins Dunkel fällt und verborgene Aspekte beleuchtet, die einen Schlüssel zur Lösung darstellen.

Wenn die Übungen dieser Stufe Ihnen Freude gemacht und eine Hilfestellung geboten haben, möchte ich Sie herzlich einladen, weiter an Ihrer Persönlichkeit zu arbeiten, wie dies in der zweiten und dritten Stufe dieses Lehrgangs angeboten wird.

Die Zeit ist reif – unsere Welt braucht Menschen, die selbstverantwortlich erkennen wollen, wer sie sind, um dem Ganzen zu dienen. Helfen auch Sie, diese Welt als Dorf zu einem Ort zu machen, in dem Gerechtigkeit, Wohlstand, Gesundheit und vor allem Frieden Einzug halten können. Es ist alles vorhanden – im Außen wie im Innen – in Ihnen selbst. Packen Sie es an!

Glossar

Der vorliegende autodidaktische Lehrgang »Im Kontakt mit der inneren Stimme« ist ein spiritueller Individuationsweg. Er ist aus der Trilogos®Methode in Theorie und Praxis entstanden und als Modell zu verstehen, das der Autorin dieses Werkes und vielen Menschen aus nah und fern seit 1995 geholfen hat und immer wieder hilft, sich selbst als Lebenskünstler ständig neu zu finden, das eigene Leben in Bezug zur Gesundheit, zu Beziehungen und zum Berufsalltag im Spiegel des Anderen ganzheitlich zu gestalten und seine Träume zu leben – um in Selbstverantwortung das zu werden, zu bleiben und zu sein, was jedem zugedacht ist: für sich selbst und dadurch dem Ganzen dienend.

Das Erkennen der Welt durch das schöpferische Potenzial jedes
Einzelnen (PsyQ) beansprucht nicht das Erkennen der absoluten
Wahrheit, sondern vielmehr einer individuellen Wahrheit:
Es gibt so viele Interpretationen der Wahrheit und Wirklichkeit,
wie es Menschen gibt.

Alle Interessierten sind dazu eingeladen, dieses exemplarische Unterrichtsmodell als Hilfe zur Selbsthilfe sowie als Denkmodell einer Wirklichkeit anzunehmen. Das Glossar dient zur Orientierung im Rahmen des Trilogos-Modells und des vorliegenden autodidaktischen Lehrgangs sowie zur Vertiefung des vermittelten Wissens.

ABC der Trilogos Methode in Theorie und Praxis

Die Trilogische Medialität ist eine

- Wahrnehmungsschulung der fünf außer- und/oder innersinnlichen (medialen), psychischen und spirituell-transpersonalen Sinne – 6. und 7. Sinn – (hell-/medial/ intuitiv sehen, hören, fühlen, riechen, wissen);

- Wahrnehmungsschulung, die die individuelle Gedanken- und Gefühlssprache des Unbewussten mithilfe der symbolischen Kommunikation in einen Bezug zum Alltag bringt;

- Wahrnehmungsschulung, die das menschliche Potenzial (»ich denke«, »ich fühle«, »ich glaube und vertraue«) erlebbar macht und dadurch neue Perspektiven auf die »großen Fragen« (»Wer bin ich?«, »Woher komme ich?«, »Wohin will ich?«) eröffnet;

- Wahrnehmungsschulung, die Bezüge zu verschiedenen Bewusstseinsebenen herstellt (transpersonale, parapsychologische oder »Kräfte der magischen Intuition«, psychologische Erfahrungen in Bezug zur Psyche und deren Alltag);

- intuitive Wahrnehmungsschulung, bei der es immer besser gelingt, sich auf verschiedene Wahrnehmungsebenen »einzustimmen«: auf die persönliche, die zwischenmenschliche und die spirituelle (also die intra-, inter- und transpersonale Ebene);

- intuitive Wahrnehmungsschulung, in der die eigene Wahrnehmung in Bezug zum anderen gesetzt wird und der Wahrnehmende durch Feedback eine Bestätigung oder Korrektur seiner empathischen Qualitäten erfährt. Aus dem wachsenden Vertrauen in die eigene Wahrnehmung entwickeln sich Selbstvertrauen, Selbstsicherheit, Selbstwertgefühl und anderes mehr;

- intuitive Wahrnehmungsschulung, die durch das Entdecken des PsyQ die Kompetenz des Menschseins (PsyK) – »Ich weiß, was ich kann und was ich nicht kann« – fördert und dadurch für den Interessierten zum spirituellen Individuationsweg werden kann;

- intuitive Wahrnehmungsschulung, die Körper, Geist und Seele in Einklang bringt oder im Gleichgewicht hält: also ein seelisch-geistiges Fitness- und Konditionstraining;

- intuitive Wahrnehmungsschulung, die die Intuition und in der Folge die Selbstverantwortung und Innovationsfähigkeit bildet und trainiert;

- intuitive Wahrnehmungsschulung als Selbsterziehung: Aus der Hilfe zur Selbsthilfe auf seelisch-geistigem Gebiet entsteht eine fortschreitende seelisch-geistige Entwicklung – denn innere Reife leben bleibt das Ziel.

Akasha-Chronik

Theosophische Erklärung des Astralgedächtnisses, in dem alle Ereignisse, Gedanken und Gefühle seit Anbeginn der Welt bewahrt werden.

Die Trilogos®Methode ist bestrebt, diesen Zugang zu erweitern, indem sie mit dem SQ in Verbindung zum EQ bewusst und willentlich mentale und kausale Zusammenhänge tiefenpsychologisch (Archetypen nach C. G. Jung sowie Neurotransmitter/Neurosignaturen in der Gehirnforschung) beim Einzelnen sowie kollektive Muster im Zusammenhang mit dem Weltengedächtnis erhellt.

Archetyp

In der Psychology von C. G. Jung ein »Urbild« im kollektiven Unbewussten.

Assoziation

Bewusste oder unbewusste Verknüpfung, Vereinigung, Verbindung, Vernetzung von Gedanken. Im Hinblick auf die Trilogos Methode in Bezug zur eigenen Gesundheit, Beziehungen, Beruf(ung) verwendet.

Astralebene

Seins- und feinstoffliche Wahrnehmungsebene, die aus Gedanken- und Gefühlskräften (Erinnerungen) individuell kreiert wird – in der Trilogos Methode auch Psyche genannt. Diese existiert parallel zur physischen und/oder geistigen Dimension, befindet sich jedoch in einem anderen Schwingungszustand.

Ätherkörper

Der erste Licht- und feinstoffliche Körper; er umgibt und durchdringt den physischen Körper eines gesunden Menschen in einem Abstand von etwa drei bis fünf Zentimetern und dient als geistige Schutzhülle oder »zweite Haut« der Psyche. Der Ätherkörper ist sterblich.

Aura

»Ausstrahlung« des nicht-materiellen, feinstofflichen Energiefelds von Mensch (Psyche, wahres Selbst), Tier, Pflanzen, Mineralien.

Außer- oder innersinnliche Wahrnehmung (ASW)

»Geistige« Wahrnehmung ohne die fünf physischen Sinne, jedoch über die fünf psychischen, spirituellen inner- und/oder außersinnlichen oder medial-intuitiven Sinne. Diese sind hell-/medial sehen, - hören, - fühlen, - riechen und - wissen. Zur trilogischen ASW gehören weiter die Telepathie, die Empathie und die Kommunikation ohne Worte.

Bewusstheit

Im Hinblick auf die Trilogos Methode ist das sich selbst wahrnehmende Bewusstsein gemeint: der Zustand des einfachen, subjektiven Gewahrseins von Lebensfunktionen im Hier und Jetzt sowie von Auslösern von Verhaltensmustern, Überzeugungen, Glaubenssätzen und Konditionierungen.

Metaphorisch gesprochen ist Bewusstheit das Sonnenlicht, das sich bewusst wird, dass es das Licht der Sonne, nicht aber die Sonne selbst ist.

Bewusstsein

Im Hinblick auf die Trilogos Methode bedeutet Bewusstsein die Beziehung zwischen Geist und Materie oder anders gesagt: das individuelle Sonnenlicht. Bewusstsein benötigt Aufmerksamkeit und Achtsamkeit. Das Bewusstsein ist metaphorisch gesprochen wie der Kapitän eines Segelschiffs, Unter- und Überbewusstsein in Kooperation mit dem wahren Selbst und der Schöpferkraft wie der Wind, der die Segel bläht.

Im Trilogos Training bedeutet »Bewusstsein« die Beziehung zwischen »Selbst >< höherem und/oder niederem Selbst/PsyQ >< wahrem Selbst/ Ur-Selbst/Logos.

Bewusstseinsebenen

Im Trilogos Training unterscheiden wir drei mal drei Bewusstseinsebenen, die in Beziehung treten können und dadurch der Erweckung des

PsyQ sowie der Entwicklung des PsyK dienen:

- Imagination, Intuition, Inspiration;
- »ich denke«, »ich fühle«, »ich glaube und vertraue«;
- psychologisch, transpersonal und parapsychologisch;
- spirituell/vertikal-medial (transpersonal, psychisch) / horizontal-medial (para-psychologisch, psychisch);
- Körper, Geist und Seele;
- Gesundheit – Beziehungen – Beruf;
- ich, du, wir;
- »ich weiß, was ich denke«, »ich weiß, was ich fühle«, »ich weiß, was ich glaube/ worauf ich vertraue«;
- Individuation, Integration und Kooperation.

Bewusstseinswandel
Bewusstseinswandel ist immer Veränderung von Wahrnehmung und umgekehrt. Linda Vera Roethlisberger hat dabei die für den Prozess der menschlichen Entwicklung relevanten Wahrnehmungsebenen

- IQ Intelligenz
- EQ Emotionale Intelligenz
- SQ Spirituelle Intelligenz

in einen Bezug gestellt, der die integral emergente Intelligenz (PsyQ) erklärt: PsyQ – die psychospirituelle Intelligenz oder Kompetenz im Menschsein – kann helfen, das niedere und höhere Selbst im Einklang mit dem wahren Selbst und der universellen Schöpferkraft zu leben. Mittels Trilogos Training werden ein individueller Bewusstseinswandel und dadurch eine persönliche, seelisch-geistige Entwicklung möglich. Die Trilogos Methode kann ein Schlüssel zum eigenverantwortlichen Erlernen und Bilden neuer Gewohnheiten und Reaktionsmuster werden: Integrität kann entwickelt, Entwicklungsaufgaben können bewältigt, die Einheit von Widersprüchen kann erkannt werden – um aus der eigenen Mitte heraus zu handeln.

Chakren

Feinstoffliche Nerven- oder Energiezentren entlang der Wirbelsäule, die mit dem Zentralnervensystem feinstofflich verbunden sind. Jedes Chakra fungiert als Energietransformator und -verteiler zwischen Geist und Materie, zwischen »Himmel und Hölle«. Der Mensch hat sieben Hauptchakren.

Charakter

Persönliche Fähigkeiten, die die Voraussetzung für ein moralisches Verhalten bilden.

Emergenz

Emergenz wird in der Trilogos Methode in dem Sinne verwendet, dass durch das Zusammenspiel seiner Elemente (im Falle der Trilogos Methode die Kräfte des IQ+EQ+SQ) immer wieder spontan Neues und dadurch neue Strukturen oder Eigenschaften entstehen können: neues Bewusstsein oder neue Erkenntnis und mittels Selbstreflexion neue Selbsterkenntnis in Bezug zum Alltag. Die emergenten Eigenschaften des Systems, die »aufgetauchten neuen Wahrnehmungen«, werden erkannt und herausgebildet. Sie lassen sich nicht offensichtlich auf die Elemente IQ, EQ, SQ zurückführen – im Gegenteil: Ein immer wieder neues Ganzes bildet sich.

Empathie

Der Begriff Empathie bezeichnet die Fähigkeit, Gedanken, Gefühle, Absichten und Persönlichkeitsmerkmale eines anderen Menschen (oder eines Tieres) zu erkennen und zu verstehen. Zur Empathie gehört auch die eigene Reaktion auf die Gefühle anderer, wie zum Beispiel Mitgefühl, Trauer, Schmerz oder der Impuls zu helfen.

Emotionale Kompetenz (EK)

In der Trilogos Methode bedeutet Emotionale Kompetenz die Fähigkeit, mittels des individuellen PsyQ die Gewissheit des selbstverantwortlichen »Ich weiß, dass ich fühle« zu entwickeln.

Emotionaler Quotient (EQ)

Emotionaler Quotient, Gefühls- oder Gemütsbewegung: Die Fähigkeit, intuitiv mit dem Herzen zu sehen. In der Trilogos Methode bezeichnet der EQ die menschliche Eigenschaft, das schöpferische Potenzial – »Ich fühle« – wahrnehmen zu können. Durch gezielte transpersonale und parapsychologische (mental-mediale) Übungen kann der Trainierende mithilfe seines IQ (»Ich denke«) und seines SQ (»Ich glaube und vertraue«) seine Intuition erfahren, erleben. Aus diesen Erfahrungen wiederum entwickelt sich sein Gefühlspotenzial oder sein EQ.

Engel

(griech. angelos = Bote): Im Christentum, Judentum und Islam feinstoffliche Wesen, die als Mittler zwischen Gott und den Menschen fungieren.

Entscheidungen fällen

Die persönliche Willenskraft und die Kraft, Entscheidungen zu fällen, will mittels der Trilogos Methode gefördert und genutzt werden:

Einerseits kann durch erhöhte Wahrnehmungsschulung, wie die Trilogos Methode dies anstrebt, Unbewusstes (unbewusste Fehlhaltungen oder etwas, das man bisher nicht wahrgenommen hat u. Ä.) bewusst gemacht werden. Andererseits will ein gefällter Entschluss mutig in die Tat umgesetzt werden, auch wenn es nicht immer leicht fällt. Kommunikation in der Trilogos-Praxis ist das Hilfsmittel dazu – bewusste Kompetenzen (z. B. Entscheidungen zu fällen) können erarbeitet werden. Aus der bewussten Kompetenz erwächst eine gesündere, bessere Gewohnheit oder Reaktionsweise. Das Richtige will anstelle des Falschen gelebt werden.

Im Spiegel des Anderen und dadurch in Bezug zum

- eigenen Unbewussten (Schattenseiten-Integration etc.),
- eigenen höheren sowie wahren Selbst (Wesensanlagen, lebendig werdende Talente etc.) in Verbundenheit mit der Schöpferkraft,
- eigenen »Lebensschul-Plan« (Gesundheit, Beziehungen, Beruf),

können das Gewissen und damit die Persönlichkeit sowie ihr Charakter immer unabhängiger selbstständig und ganzheitlich gebildet werden: Check and balance der eigenen Wahrnehmung, der Intuition sowie Selbsteinschätzung dank mutig gefällter Entscheidungen mittels Trilogos Training wird möglich. Daraus erwachsen ein gesundes Selbstwertgefühl, -sicherheit, -vertrauen und die optimale Balance zwischen Denken, Fühlen und Vertrauen in Bezug zur Umwelt.

Erinnerung

Erinnerungen sind in unserer Psyche gespeicherte Erfahrungen oder Gefühlseindrücke, die der Mensch freiwillig und unfreiwillig gesammelt hat. Entsprechend ist er in Wahrnehmungs- und Empfindungsmustern gefangen – er ist der Sklave seiner eigenen Gewohnheiten, lernt aus ihnen oder hat sie bereits transformiert und dadurch seine Persönlichkeit gebildet.

Mittels der Trilogos Methode erlernt der Mensch seine individuelle Symbolsprache, die ihm den Zugang zu seinen Erinnerungen eröffnet. Er ist dadurch in der Lage, seine Gefühlseindrücke, seine Symbole, Träume, Wahrnehmungen, Ideen zu interpretieren und entsprechend in Bezug zu seinem praktischen Alltag (Gesundheit, Beziehungen, Beruf) zu bringen. Mittels der Trilogos-Praxis erhellen die entsprechenden Deutungen, ausgelöst durch Phantasiereisen – auch im Spiegel und in Bezug zum Anderen – immer die eigene Lebensschule. Bewertungen sowie Interpretationen befähigen den Einzelnen dazu, seine Erinnerungen und die daran geknüpften Gewohnheiten (Vorstellungen, Glaubenssätze, Prägungen, Muster u. ä.) zu verändern – wenn auch nicht die Ereignisse oder Tatsachen an sich.

Ethik

Ethik ist ein Teilgebiet der »praktischen Philosophie« und befasst sich mit dem menschlichen Handeln.

Ethisch-moralische Grundsätze des Trilogos:

- **Bescheidenheit**
  Inneres Wachstum findet im Stillen statt; im Alltäglichen und Kleinen findet sich das Große.

- **Seriosität**
  Ehrlichkeit sich selbst und anderen gegenüber ist von größter Wichtigkeit. Handlungen müssen immer wieder überprüft und reflektiert werden. Wer zu Misserfolgen stehen und nötige Veränderungen in seinem Verhalten vornehmen kann, beweist Größe.

- **Menschlichkeit**
  Zwischenmenschliche Beziehungen sollen von Liebe, Verständnis und Geduld geprägt sein.

- **Freundlichkeit**
  Liebe, Verständnis und Geduld finden ihren Ausdruck im freundlichen Umgangston mit Mitmenschen. Wer auch in schwierigen Situationen angemessen reagieren kann, gewinnt an Vertrauen.

- **Glaubwürdigkeit**
  Reden und Taten müssen im Einklang stehen. Wichtig ist die Umsetzung unserer Wertvorstellungen im Alltagsleben.

- **Unparteilichkeit**
  Offen sein für andere Meinungen, ohne gleich zu werten, ist Basis für gegenseitige Akzeptanz. Werten gehört insbesondere in die Hände der geistigen Welt.

- **Teamgeist**
  Nicht der individuelle Erfolg, sondern die Freude an der gemeinsamen Arbeit steht im Vordergrund. TRILOGOS MitarbeiterInnen unterstützen einander in ihren Bemühungen, Menschen zu helfen.

Farben

Farben sind letztlich Schwingungen, doch in ihrer Ausdrucksform – eben ihrer Farbigkeit und Vielfältigkeit – lassen sie sich in der Trilogos Methode leichter als Wahrnehmungsinstrument nutzen als beispielsweise der Klang, der auch eine Schwingung und damit Manifestation der Energie ist. Eine matte oder »unreine« Farbe, eine schreiende Farbe oder eine verblasste tragen die Deutung bereits in sich und schaffen ein Mittel der Übertragung in das tägliche Leben.

An dieser Stelle sei angemerkt, dass es Menschen gibt, die die Farben der Chakren unterschiedlich wahrnehmen können. Es muss nicht immer Blau im Hals-Chakra sein und Rot im Wurzel-Chakra. So wie die Wahrnehmung jedes Menschen individuell ist, so können auch hier die Farben unterschiedlich wahrgenommen werden. Zudem können auch Farbenblinde und blinde Menschen wunderbar sich in ihrer wahrgenommenen Farbe spiegeln und zu neuen Selbsterkenntnissen kommen.

Feinstofflicher Körper
Einer definierten Bewusstseinsebene (Gedanken und Gefühle oder Erinnerungen) gleichzusetzender Körper (Psyche), auch »Astral-Körper« genannt, der von geringerer Materie ist als der physische Körper.

Gedanken- und Gefühlssprache (individuelle) in Verbindung mit der Sprache des Kosmos sowie des irdischen Alltags.
Nonverbale Kommunikation, Telepathie, Medialität oder symbolische Kommunikation – der sinnliche Draht zur geistigen Welt oder im Kontakt mit der inneren Stimme sein: Trilogische Medialität.

Geist
(lat. spiritus, griech. pneuma, engl. spirit):

1. Bewusstsein, Wahrnehmungs- und Denkvermögen des Menschen = die untere Mentalebene, ein niederer Aspekt des Selbst;

2. »göttlicher Funke« oder Wesenskern = die obere Mentalebene, die den Menschen nach mystischer Überzeugung mit dem Göttlichen, dem höheren Willen, vereint. Der Geist in dieser Definition ist das eigentliche und wichtigste Lebensprinzip und entspricht auf individueller Ebene dem höheren Selbst, der inneren Weisheit in Verbundenheit mit dem wahren Selbst und der Schöpferkraft. In der Trilogos Methode PsyQ genannt (menschliche Intelligenz, die zur Persönlichkeits- und Bewusstseinsbildung und dadurch für gelebte Kompetenz im Menschsein [PsyK] eingesetzt werden kann);

3. der kosmische Geist = die kausale, spirituelle Ebene, der »Weltgeist«

bzw. Die »Weltseele«; das kosmische Bewusstsein kann mit dem Kollektiven gleichgesetzt werden;

4. der universale Geist = der Geist des höchsten Wesens oder Gott, Logos, der das Universum durchdringt und aller Schöpfung Sinn und Ordnung gibt.

Geistiger Führer, geistige Führerin
Der geistige Führer entspricht in der Trilogos Methode der Qualität des wahren Selbst/Ur-Selbst. Diese Schöpferkraft ist vom menschlichen Schicksal in der irdischen Welt befreit. Das heißt, sie hat ihr menschliches Potenzial (PsyQ) zur vollen Entfaltung gebracht, lebt ihren Möglichkeiten entsprechend das Maximum an PsyK (menschlicher Kompetenz) und erlöst sich dadurch fortwährend – denn: »Das Jüngste Gericht ist im Hier und Jetzt.« Der Träumende kann sich im inneren Kontakt mit seinem geistigen Führer Eingebungen aus dem kollektiven, kausalen Bewusstsein (Erinnerungsvermögen an frühere Leben, Zugang zu übergeordneten und überpersönlichen oder tiefenpsychologischen Erfahrungen, Archetypen, Traumata u. ä.) schenken, um diese intuitiv wahrnehmend und mit der Gegenwart sinnbringend zu verknüpfen und zu bearbeiten.

Geistiger Helfer, geistige Helferin
Der geistige Helfer entspricht in der Trilogos Methode dem höheren Selbst. Der Träumende hat im Kontakt mit seinem geistigen Helfer Eingebungen (Inspirationen) aus seinem höheren oder tieferen Bewusstsein, die er intuitiv wahrnehmen kann. Die schöpferische Kraft des Lichts und der Liebe wird symbolisch auch als Lichtsäule und Engel, Schutzengel oder spiritueller Wegbegleiter oder Krafttier dargestellt. Diese Schöpferkraft erhellt die Psyche des Träumers immer wieder und entspricht demzufolge dem höheren Selbst, der inneren persönlichen Weisheit (PsyQ), die sich zur Kompetenz im Menschsein (PsyK) entwickeln will; denn die individuelle Schöpfer- und Gestalterkraft will aus dem wahren Selbst heraus als Mitmensch selbstverantwortlich wirken und bewirken.

Geschlossene Fragen
In der Trilogos Methode lernen die fortgeschrittenen Autodidakten, die in einer Trilogos Gruppe arbeiten, geschlossene Fragen zu stellen –

Fragen, die ein Ja, Jein oder Nein vom Adressaten verlangen. Geschlossene Fragen sind eine der schnellsten und effizientesten Methoden, die Aufmerksamkeit zu fokussieren. Jede Frage ist eine Einladung, in eine bestimmte Richtung zu schauen, wahrzunehmen. Sie ermöglichen dem Gefragten, sich anschließend selbst zu reflektieren und neue Aspekte seiner selbst zu entdecken. Der Fragende kann dadurch seine Intuition trainieren und somit seine Selbstwahrnehmung sowie Selbsteinschätzung unmittelbar überprüfen, kontrollieren, wieder neu ausrichten.

Gewissen
Sittliches Bewusstsein von Gut und Böse. Ohne eine ethische Orientierung bleibt das Gewissen »leer«, ohne Verantwortung ist das Gewissen »blind«. Durch ethische Orientierung entstehen Sinn- und Werterfüllung, mittels seines Gewissens übernimmt der Mitmensch Verantwortung und handelt verbindlich.

Gewohnheit
Gewohnheit ist ein Verhalten, das »in uns wohnt«, das unser Verhalten bestimmt. Wenn die Zeit reif ist und die Gewohnheit als solche erkannt wird, kann jede Gewohnheit mithilfe von Bewusstheit verändert werden.

Glaube
Glaube, Liebe, Hoffnung: Diese drei Kräfte stärken immer wieder die Wahrnehmung und dadurch die Gefühlswelt des Einzelnen, sich mit dem Urvertrauen, dem universalen Geist, Gott, Allah, Atman etc. verbunden und dadurch von guten Mächten geführt, geschützt, getragen zu glauben und dadurch zu wissen und zu sein. Der Glaube an das Gute, Schöne, Wahre (SQ) erhellt mit seinem Licht beständig den Weg in finsterer Nacht.

Göttlich
Göttliche Kräfte sind transzendente Mächte bzw. Eigenschaften.

Halluzination
Lebhaftes Trugbild oder Wahrnehmungszustand, der von der vertrauten, normalen Alltagsrealität abweicht. Halluzinationen können durch psychedelische Drogen ausgelöst werden.

Höheres Selbst

Ein Synonym für Engel, Schutzengel, geistiger Helfer oder geistige Helferin – die Kraft der persönlichen inneren Weisheit: PsyQ.

Ichbild

Der Mensch lehnt in Bezug zu seinem Erleben mit seiner Einstellung oft ab, was ist. Er kann nicht – noch nicht oder nicht mehr – erkennen, dass alles in Ordnung ist, wenn er einfach annimmt und lässt, wie es ist. Ein eigenständiger Entwicklungsprozess ist notwendig (Individuation), um die Dinge integral und ganzheitlich so zu sehen, wie sie wirklich und tatsächlich sind. Dieser Prozess wirkt nach und nach befreiend und macht glücklicher und gesünder. In jedem Menschen ist die entsprechende Fähigkeit dazu vorhanden. Im Trilogos wird diese menschliche Qualität PsyQ genannt: vom PsyQ zu PsyK oder vom niederen und höheren zum wahren Selbst und darüber hinaus (Trilogos Methode – ein spiritueller Individuationsweg).

Identität

Die angenommene, scheinbare Identität eines Menschen muss die Herrschaft über sämtliche Gefühle übernehmen lernen, denn nur so kann sie die Wahrnehmung immer besser steuern. Jede Identität hat ihre einzigartige Sicht der Dinge, von der aus sie alles betrachtet, und sie kann sich erst dann auf eine andere Perspektive einlassen, wenn sie bereit ist, die bisherige Identität abzustreifen: Es ist nichts wandelbarer als der Mensch.

Dieser Mensch erkennt, dass er nicht auf eine starre Rolle festgelegt und sein Leben nicht vorherbestimmt ist. Es wird ihm vielmehr bewusst, dass er als Mit-Schöpfer ein Wesen ist, das seiner schlummernden Kreativität, seinen ganz individuellen Anlagen und Talente, Intelligenz und Liebe zum Ausdruck verhelfen kann: als Mit-Gestalter und Mit-Mensch seines Lebens. Die magische Kraft seiner Intuition, seine medialen, seelisch-geistigen, psychischen Sinne oder sein psychischer Quotient (PsyQ) helfen ihm, das wahre Ich zu finden und aus diesem heraus zu dienen.

Imagination

Vorstellungskraft, die Phantasien, Visionen und Realitäten als künstliche oder konstruierte Welt erschaffen kann. Weltbilder entstehen im Kopf, damit deren Visionen mutig in Tat und Wahrheit umgesetzt werden: Der Weg ist das Ziel. Der »Stoff, aus dem die Träume sind«, kann für die persönliche Entwicklung erforscht werden. Imaginationen können intuitiv überprüft werden, damit sie sich in der Wirklichkeit oder Welt, in der wir leben, möglichst nicht als Illusionen, Täuschungen, Wunschträume, Sehnsüchte oder Trugbilder erweisen. Im übertragenen Sinn auch für »unbewusste« Gedächtnistäuschungen verwendet, die sich durch Hinzufügungen, Auslassen oder Einfügungen (Lebenslügen u. Ä.) subjektiver Art äußern. Wertvolle, konstruktive Inspirationen als seelisch-geistige Nahrung bleiben das Ziel.

Imagination – Intuition - Inspiration

Bei der Trilogos Methode wird die Entwicklung von PsyQ zu PsyK gefördert und herausgefordert. Dies geschieht hauptsächlich durch Elemente des Autogenen Trainings, Meditation sowie Techniken des katathym-imaginativen Bilderlebens sowie durch eine Form der Traumdeutung, die »Symbolische Kommunikation« genannt wird. Die Wahrnehmung, die Imaginationskraft eines Menschen spielt dabei eine wesentliche Rolle. Es geht nicht nur darum, sich während einer Bilderreise sozusagen aktiv etwas vorzustellen und einzubilden, sondern auch in einer passiv wahrnehmenden, kontemplativen Haltung zu beobachten, was einem »in den Sinn kommt«, was einem intuitiv ein- und zufällt. Diese intuitive Fähigkeit kann durch die Trilogos Methode trainiert werden, indem Brücken in den realen Alltag (Gesundheit, Beziehungen, Beruf) gebaut werden. Im Spiegel des Anderen wird in Übungsgruppen überprüft, ob das Wahrgenommene Sinn ergibt. Dabei kann gelernt werden, zwischen reiner Einbildung, zwischen Imagination und intuitiver Einsicht, also Intuition, zu unterschieden. Wenn eine intuitive Einsicht im Alltag eines Menschen »Sinn ergibt«, dann wird sie dankbar als Inspiration angenommen oder als »Zeichen auf dem Weg« erkannt. Hier stellt sich die Frage, woher diese Inspiration kommt – aus dem Unbewussten dieses oder eines anderen Menschen oder gar aus transpersonalen, spirituellen Ebenen? Die Unterscheidung zwischen »Intuition: Imagination oder Inspiration?« einerseits, andererseits zwischen »ich oder du oder wir« sowie »inter-, intra- und transpersonal« ist vor allem dann wichtig, wenn im Zuge eines tiefen Selbstreflexionsprozesses – der Individuation bedingt – Projektionen und Verwechslungen, Prägungen und Glaubenssätze erkannt, Traumata auf- und erlöst sowie Schattenaspekte integriert werden sollen.

In der Ruhe liegt die Kraft

Innere Ruhe ist kein selbstverständliches Attribut des Menschen. Innere Ruhe oder optimale Balance bildet sich durch regelmäßiges seelisch-geistiges Bodybuilding und ist die Fähigkeit, sich inmitten des Lärms dieser Welt aufmerksam auf das zu konzentrieren, was für den Betreffenden von zentraler Bedeutung ist. Herr und Meister der eigenen Gedanken und Gefühle zu sein und zu bleiben, bleibt das Ziel: Niemand verliert den Kopf – alle können klar und konzentriert handeln. Das Trilogos Training ist eine Möglichkeit, diese Fähigkeit zu erlangen.

Individuation – Integration - Kooperation

Die Entwicklung des PsyQ, des menschlichen Potenzials, mittels Trilogos Methode hin zu PsyK, zu menschlicher Kompetenz kann grundsätzlich auch mit dem inneren Prozess beschrieben werden, den C. G. Jung als Individuation bezeichnet hat. Bei genauerer Betrachtung geht es aber um mehr, denn C. G. Jung hat unter dem Begriff der Individuation vorwiegend die Befreiung von gesellschaftlichen Schranken und Normen zum Zweck der Entfaltung des wahren Selbst verstanden. Demgemäß ging es ihm um Selbstverwirklichung. Damit wollte er keineswegs darauf abzielen, der Egomanie Tür und Tor zu öffnen, sondern – im Gegenteil – die individuellen Anlagen fördern, die letztlich der Gesellschaft zugute kommen sollen, und somit die Ausbildung eines ethischen Bewusstseins anregen. Doch finden sich bei C. G. Jung keine ausführlicheren Beschreibungen, wie Individuation – als strukturierter Prozess – letztlich für die Gemeinschaftsbildung nutzbar gemacht werden kann. Der Trilogos-Ansatz – als Hilfe-zur-Selbsthilfe-Projekt – möchte dies näher ausführen, indem besonderer Wert darauf gelegt wird, dass die während des Individuationsprozesses erarbeiteten Einsichten und Erkenntnisse konsequent im Alltag, das heißt in der spezifischen Existenz der sich individuierenden Person, umgesetzt, also integriert und gelebt werden. Die eigene Gesundheit, Beziehungen sowie der Berufsalltag dienen dabei als Lehrmeister. Nur so wird eine authentische und integere Persönlichkeits- und Bewusstseinsentwicklung möglich, aus der wiederum eine auf Authentizität und Integrität basierende, friedliche Kooperation zwischen Menschen stattfindet.

Initiation

»Einweihung«; bei Naturvölkern die Reifefeier, bei der die Mädchen und Jungen nach Erlangung der Geschlechtsreife in die Welt der Erwachsenen aufgenommen werden.

Einweihung in Bezug zur Trilogos Methode kennzeichnet einen Übergang, eine Transformation oder eine innere Wandlung, die das vorhandene schöpferische, persönlichkeitsbildende Potenzial (PsyQ) zur weiteren Entfaltung der menschlichen Kompetenz (PsyK) motiviert.

Inkarnation

Wörtlich »Fleischwerdung« oder Verkörperung, im weiteren Sinne die gegenwärtige Lebenszeit eines Menschen.

Inspiration

Göttliche Eingebung (lat. inspirare = einhauchen). In der weltlichen Magie das Offensein für Eingebungen des persönlichen guten Geistes, höheren Selbst oder Genius.

Schöpferische Eingebungen (im Trilogos Training des geistigen Helfers oder höheren Selbst, der inneren Weisheit) sowie die Fähigkeit, deren Inhalt in eine sinnvolle Verbindung zu sich und seiner Welt zu bringen oder herzustellen, kennzeichnen den Selbstfindungsweg vom Emotionalen zum Mental-Medium.

Intelligenz

Verständnis, Erkenntnis-, Denkfähigkeit, Klugheit.

Intelligenz Kompetenz (IK)

In der Trilogos Methode bedeutet Intelligenz-Kompetenz die Fähigkeit, mittels des individuellen PsyQ die Gewissheit des selbstverantwortlichen »Ich weiß, dass ich denke« zu entwickeln.

Intelligenz-Quotient (IQ)

Intelligenzquotient (IQ), ursprünglich die Bezeichnung für ein Verhältnismaß der Intelligenz. Der IQ errechnet sich aus der Beziehung Intelligenzalter (IA) / Lebensalter (LA) * 100.

Heute wird bei der Intelligenzberechnung für Erwachsene das Abweichungsmaß angewandt; es drückt die Abweichung eines individuellen Testresultats vom Mittelwert (100) der jeweiligen Altersstufe in Streuungseinheiten aus.

In der Trilogos Methode steht der IQ für »Ich denke«. Durch gezielte transpersonale und parapsychologische (mental-mediale) Übungen kann der Trainierende ganzheitlich, also mithilfe seines IQ, seines SQ (»Ich glaube und vertraue«) und seines EQ (»Ich fühle«), seine Intuition fördern. Durch die daraus resultierende Erfahrung entwickelt sich sein Potenzial des Denkens (IQ) hin zu größerer Bewusstheit.

Intuition

Von lat. intuitio = unmittelbare Anschauung. Ein subjektives, ahnendes Erkennen neuer Gedankeninhalte, die sich häufig in Eingebungen und Wahrnehmungen äußern und die ihren Ursprung meist nicht im verstandesmäßigen, rationalen Denken, sondern im gefühlsmäßig-intuitiven Denken haben; passiv-aktives Gewahrsein. Die durch Intuition erfahrenen Informationen werden häufig in der Symbolsprache übermittelt, zum Beispiel in Bildern, Gefühlen, Gerüchen, Wissen in Form von Geistesblitzen oder akustischen Signalen, Assoziationen, Metaphern und Gleichnissen, Funken der Erleuchtung oder eines unmittelbaren Wissens, das man besonders auf künstlerischem Gebiet aus der Tiefe seines Wesens empfängt.

Intra-, inter-, transpersonale Bewusstseinsebene

Die Unterscheidung von Imagination, Intuition und Inspiration führt notwendigerweise zur Unterscheidung verschiedener Wahrnehmungs- bzw. Bewusstseinsebenen. Handelt es sich um einen wahrgenommenen Impuls, eine Inspiration aus dem eigenen Unbewussten, so lässt sich diese der intrapersonalen Ebene zuordnen – eine Person nimmt etwas über sich selbst wahr. Werden Impulse, Ideen von und über andere

Menschen wahrgenommen, so wird dies als interpersonale Wahrnehmung bezeichnet. Handelt es sich um Wahrnehmungen, die über die einzelne Person hinausgehen – wie das Sich-verbunden-Fühlen mit dem Göttlichen –, so wird von einer transpersonalen Bewusstseinsebene gesprochen. Gleich ob Impulse einer inter- oder transpersonalen Bewusstseinsebene zugeordnet werden, wird bei der Trilogos Methode immer auch gefragt: »Was hat das Wahrgenommene mit mir zu tun?« Auf diese Weise sieht die Trilogos Methode die intrapersonale Wahrnehmungsebene als »inkludiert« an und ermöglicht so die Selbstreflexion, dadurch Selbsterkenntnis und letztlich Selbstverantwortung. Dieser trilogische Drei-Stufen-Prozess eröffnet schließlich die Möglichkeiten für Persönlichkeits- und Bewusstseinsentwicklung.

IQ + EQ + SQ = PsyQ®
Die Synthese von Verstand, Gefühl und Vertrauen/Glauben wird im Spiegel der Umwelt des Wahrnehmenden bewusst erfahrbar. Die Integration bzw. Verbindung dieser drei Ebenen wird mittels Selbstreflexion (»Spiegel der Umwelt«) vollzogen. Die Folge davon sind Bewusstseinsentwicklung in Bezug zum Alltag sowie Freisetzung des menschlichen Potenzials, die zur Erlangung von dreifacher Kompetenz führen:

IQ = Intelligenz-Kompetenz: die Fähigkeit, bewusst Entscheidungen zu fällen und die eigenen Taten und Worte zu begründen.

EQ = Emotionale Kompetenz: die Fähigkeit, die eigenen Gefühle wahrzunehmen und sich darüber Rechenschaft abzulegen.

SQ = Spirituelle Kompetenz: die Fähigkeit, sich mit dem Höchsten und Innersten zu verbinden. Es ist unser Glaube an etwas, der es ermöglicht, sich zu trauen und zu handeln und der entsprechend Vertrauen bildet.

Daraus folgt die zentrale Formel am Trilogos »IQ+EQ+SQ=PsyQ«. Sie steht für die psychospirituelle, integral emergente Intelligenz, die das gesamte Bewusstseinsspektrum zum Ausdruck bringen soll. Das Zusammenwirken dieser drei Kräfte führt zu Emergenz, d.h. infolge des Zusammenspiels seiner Elemente werden spontane neue Kreationen, Eigenschaften, Strukturen und dadurch neues Erkennen herausgebildet.

Der PsyQ kann sich trilogisch – in Bezug zu drei verschiedenen inneren sowie äußeren Bewusstseins- und Wahrnehmungswelten – vor allem mittels der »magischen Kraft der Intuition« ganzheitlich zu menschlicher Kompetenz (PsyK) entfalten, um innere Reife und Erfüllung im praktischen Alltag (Gesundheit, Beziehungen, Beruf) zu leben und zu erleben. Die Fähigkeiten des Einzelnen mit seinen individuellen Wesensanlagen, die im höheren Selbst gespeichert sind, werden durch die trilogische innere Arbeit an sich selbst (Trilogos Training) zur Entfaltung gebracht und können zur Schattenintegration (Verdrängungen, Traumata, noch ungenutzte Wesensanlagen, Talente u. Ä.) genutzt werden: Das wahre Selbst will in Selbstverantwortung des Einzelnen für das Ganze in seine Kraft kommen. Spirituelle, transpersonale Psychologie sowie praktische Philosophie sind die Werkzeuge auf diesem Weg.

Die Erkenntnis, dass die medialen Anlagen eines jeden Menschen einerseits unabhängig von den menschlichen Qualitäten gelebt werden können, diese andererseits aber abhängig von seiner seelisch-geistigen, psychischen Entwicklung sind, führte zu dem Anspruch des Trilogos, die Entwicklung der persönlichen medialen Anlagen für eine optimale Persönlichkeits-, Gewissens- und Bewusstseinsbildung zu nutzen: Gelebtes globales Ethos bleibt das oberste Ziel.

Der Mensch in seiner Ganzheit – Emotion, Intelligenz und Spiritualität – steht im Zentrum des Trilogos-Modells. Um allen Interessierten eine Persönlichkeitsentwicklung und Bewusstseins-schulung im Sinne dieser Ganzheit zu gewähren und so die bewusste Erweckung der eigenen Schöpferkraft in Richtung Kompetenz im Menschein zu ermöglichen, entstand die sogenannte Trilogos ®Methode: ein spiritueller Individuationsweg.

Nach der Absolvierung des autodidaktischen Lehrgangs zur Trilogos®Grundschulung in drei Stufen (als Trilogos Training zu verstehen) besteht die Möglichkeit, eine Diplomausbildung zur Festigung des eigenen spirituellen Individuationsweges zu absolvieren.

Karma
Hinduistisches und buddhistisches Konzept von Ursache und Wirkung, Aktion und Reaktion, das über die irdische Lebensspanne eines Men-

schen hinausgeht. Das Gesetz von Ursache und Wirkung findet sich auch in der Trilogos Methode wieder: Wer tugendhaft lebt, baut ein gutes Karma auf, wer ein lasterhaftes Leben führt, häuft schlechtes Karma an. Die gegenwärtigen Lebensumstände sind die geistigen und physischen Folgen von Taten aus in diesem und früheren Leben angesammeltem Karma.

Im Buddhismus in der Tradition der Waldmönche bezeichnet Karma die Gesamtheit an Aktionen und Reaktionen eines Wesens, das als Energie- oder Schwingungsfeld verstanden wird. Entsprechend wird ein Wesen gemäß seiner vorherrschenden Energiekombination geboren und handelt demzufolge. Durch Achtsamkeit und einen noblen Weg erlangt ein Mensch die Möglichkeit, sich aus dem Kreislauf von unwillkürlichen, leidbringenden Aktionen und Reaktionen und letztlich aus dem Zyklus der Wiedergeburten zu befreien oder anders ausgedrückt: sich selbst zu erlösen.

Kollektives Unbewusstes

Ein Begriff des Psychologen C. G. Jung, nach dessen Auffassung gewisse Urbilder im Unbewussten nicht individuellen Ursprungs sind, sondern kollektiv bei allen Menschen aller Kulturen vorkommen.

Kommunikation

In der Trilogos Methode die inter-, intrapersonale sowie transpersonale Verständigung über Symbole oder symbolisch dargestellte Gefühle (Gewissen, Gewissheit, Vorstellungen, Überzeugungen, Prägungen, Muster, Glaubenssätze etc.).

Kontemplation

Versenkung, Versunkenheit, Beschaulichkeit, Betrachtung.
Im Trilogos Training ziehen Gedanken und Gefühle langsam am beschaulich Beobachtenden vorüber. Sie werden vom Träumenden wahrgenommen, ohne dass er sich darauf konzentriert oder sie rational analysiert. Kontemplation beschreibt auch ein Nachsinnen über ein inneres oder äußeres Geschehen, eine Idee oder Eingebung aus der Achtsamkeit des Geistes heraus.

Konzentration

Geistige Anspannung, höchste Aufmerksamkeit, Wachsamkeit und Fokussierung. Die Aufmerksamkeit ermöglicht im Trilogos Training eine bewusste Verbindung zum Gewahrwerden inkarnierter und nicht-inkarnierter Bewusstseinsimpulse.

Kosmos

Altgriechisches Wort für »Ordnung«, mit dem Pythagoras das Weltall bezeichnete.

Im Mikrokosmos ist es das schöpferische Potenzial eines Menschen, das sich aus dem IQ, EQ und SQ zusammensetzt und für die Persönlichkeitsbildung verantwortlich ist: Der PsyQ wird verantwortlich für den individuellen Kosmos.

Kreuzkraft

Der offene Kreis und das Kreuz symbolisieren in der Trilogos Methode das Bemühen, immer wieder in Einklang zu kommen oder aus der Mitte – aus dem »Nullpunkt« oder der Kraft des PsyQ heraus – zu wollen, zu tun oder zu lassen: Bewusstes Glauben, Hoffen und Vertrauen, Denken, Fühlen und Handeln helfen dabei. Die Horizontale des Kreuzes erinnert an die psychische Medialität oder Wahrnehmung, die Vertikale an die spirituell-transpersonale Medialität oder Wahrnehmung: Die beiden magisch-mythisch-intuitiven Kräfte der menschlichen Intuition unterstützen den Prozess der Selbsterziehung zur eigenen Mitte ganzheitlich und darüber hinaus (spirituelle Individuation).

Mediales Mentraltraining mittels Trilogos Methode

Ziel des Mentaltrainings ist es, individuelle Wahrnehmungsprozesse auf verschiedenen inneren Bewusstseinsebenen (inter-, intra-, transpersonal) durch Gedanken- und Gefühlseindrücke, die sich in Bildern oder Symbolen ausdrücken, zu aktivieren und in einen vernünftigen Realbezug zu bringen. Die Symbolsprache dient hier als Persönlichkeits- und Bewusstseinsschulung, Metaphern, Gleichnisse, Assoziationen lösen kreative Denkprozesse aus. Durch die Verknüpfung von Erinnerungen und Wissen sowie die Synthese der drei Bewusstseinsebenen (psychologisch, transpersonal und parapsychologisch) ändert sich der Blick auf die eigene Person. Dadurch entwickelt sich ein »neues Bewusstsein«, und »die innere Reife einer Persönlichkeit« kann sich ausbilden (vom PsyQ zur PsyK).

Medialität

Die spirituell-psychologischen Fähigkeiten der außer- oder innersinnlichen, medialen Wahrnehmung eines Menschen. Jeder Mensch hat mediale Anlagen (den sechsten und siebten Sinn) und kann seine Medialität in dem Moment erleben, wo er diese Anlage akzeptiert und es gedanklich zulässt, dass auch er das eigene Licht auf seinem Weg wahrnimmt (siehe »Medium«). Die geistige Fähigkeit »Medialität« wird in der Trilogos Methode mit intuitiver Wahrnehmung gleichsetzt. Die intuitive innere Sinnes- und Wahrnehmungsschulung beinhaltet analog zu der Schulung der fünf physischen Sinne die entsprechenden Fähigkeiten: inneres Fühlen, Riechen, Sehen, Hören, Wissen. In der Trilogos Methode unterscheiden wir zwischen der »psychisch-horizontalen« Wahrnehmungs- oder Bewusstseinsebene (sechster Sinn) und der »spirituell-vertikalen« (siebter Sinn).

Je nach seelisch-geistigem Bewusstseinsstand sowie individuellem Bildungsniveau werden mithilfe der Trilogos Methode die verschiedenen feinstofflichen Welten psychisch/horizontal-medial oder spirituell/vertikal-medial wahrgenommen, erlebt, interpretiert und vom Wahrnehmenden in Bezug zu sich selbst und/oder zu anderen sowie zum Alltag gebracht, nach dem Trilogos-Motto: Es gibt so viele Interpretationen der Wahrheit und Wirklichkeit wie Menschen und Wahrnehmende.

Meditation

Lat. meditatio = tiefes, versunkenes Nachsinnen, Nachdenken, sinnende Betrachtung, religiöse Versenkung. Meditation ist eine Technik der Gedanken- und Geisteskontrolle, die oft ein Gefühl der tiefen inneren Ruhe und des Friedens vermittelt sowie zur Erfahrung der Selbstverwirklichung und transzendentalen Bewusstheit führen kann.

Meditation kann – wie auch das Gebet und Techniken der Trilogos Methode – einer der Wege sein, sich einen Zugang zur unsichtbaren Welt zu verschaffen und sich durch das Stillwerden mit der göttlichen Urkraft zu verbinden.

Grundsätzlich werden zwei Formen der Meditation unterschieden: die Konzentrationsmeditation auf ein meditatives Symbol (Mandala, Klang, Mantram usw.), bei der Gedanken und Gefühle unterdrückt werden, und die Achtsamkeitsmeditation, ein Gewahrsein und unvoreingenommenes Beobachten des Flusses der Ereignisse, der Gedanken- und Gefühle. Ziel der Meditation ist die Wahrnehmung des »wahren Seins«.

Medium (Trilogos Methode)

Jeder Mensch, der sich auf sich selbst und auf seine Wahrnehmung in Bezug zu seiner Welt in der Welt einlässt, der gewahr wird, dass er als Vermittler zwischen der feinstofflichen (seelisch-geistigen oder psychischen), geistigen und materiellen Wirklichkeit fungiert oder anders gesagt, der wahrnimmt, wie sein eigenes Licht den Weg in seiner Welt in der Welt erhellt, ist ein Medium.

Mental-Medium Trilogos Methode

- Eine Person, deren mediale Anlagen durch natürliche Begabung oder durch Schulung und Ausbildung so weit entwickelt sind, dass der PsyQ als Summe von IQ+EQ+SQ die Möglichkeit erkennt, sich bewusst im Dienste der höheren Führung – mit geschärftem Verstand und mit dem Herzen auf dem rechten Fleck, mit beiden Beinen auf dem Boden der irdischen Wirklichkeit – und selbstverantwortlich sich selbst und seiner Umwelt gegenüber seiner Lebensaufgabe zu stellen: Die Kompetenz im Menschsein (PsyK) oder die »physikalische, physische Medialität« anstelle von Löffelbiegen, Tischerücken usw. wird zur vollen Entfaltung gebracht, »Individuation – Integration – Kooperation« wird zum Sinn des Lebens.

- Das Mental-Medium weiß, wie es in Kontakt zu Erinnerungen an nicht-inkarnierte Be-wusstseinsteile und dadurch beispielsweise in Verbindung mit »Verstorbenen« kommen kann. Ein Weiterleben nach dem Tod kann erlebt und darüber kommuniziert werden. Trauerarbeit kann erfolgen, Abhängigkeiten, Traumata u. Ä. können erlöst werden.

Nicht-inkarnierte Bewusstseinsimpulse im Trilogos Training
In der seelisch-geistigen, feinstofflichen Struktur eines körperlosen Wesens sind sämtliche Erfahrungen, erlöste und unerlöste Begebenheiten usw. als Informationen gespeichert.

Nicht-inkarnierte Bewusstseinsimpulse können Verstorbene sein, die mit dem Wahrnehmenden oder Medium in Kontakt treten. Aus ihrer Erinnerung heraus erzählen die Verstorbenen durch das Medium einem Inkarnierten aus ihrem vergangenen Leben. So bekommt der Inkarnierte Hinweise auf ein Weiterleben nach dem Tod.

Im Gegenzug dazu bekommt das aufmerksame Mental-Medium auch von einem nicht- inkarnierten Bewusstseinsimpuls eine Reflexionsmöglichkeit, die zu weiterer Selbsterkenntnis führen kann; so ist sich das Mental-Medium immer der Projektionsmöglichkeit bewusst und schließt Teilpersönlichkeiten oder Archetypen, die vor allem mit seinem eigenen Unbewussten (Speicher aller Erinnerungen) in Zusammenhang stehen, nie aus.

Parapsychologie
Wissenschaft, die sämtliche paranormalen Fähigkeiten und Erscheinungen erforscht.

Persönlichkeit
»Charakter« und »Temperament« einer Persönlichkeit machen einen Menschen aus; ebenso weist seine Persönlichkeit einzigartige, psychische Eigenschaften seiner Individualität aus.

Phenomenologie und paranormale Phänomene
Durch die Unterscheidung zwischen intra-, inter- und transpersonalen Bewusstseinsebenen wird deutlich, dass im Trilogos-Ansatz die eigene Wahrnehmung eine zentrale Rolle spielt. Es kann grundsätzlich auf den aus der Phänomenologie stammenden Satz »Wahr ist das, was wir für wahr nehmen« verwiesen werden. Das, was in der Wahrnehmung eines Menschen in Erscheinung tritt, ist von Bedeutung und kann für die eigene persönliche Entwicklung nutzbar gemacht werden. Deshalb auch der Trilogos-Leitsatz: »Es gibt so viele Interpretationen der Wahrheit und

Wirklichkeit wie Menschen.« Insofern vertritt die Trilogos Methode hier – auch in Anlehnung an die Gestalt- und Logotherapie – einen phänomenologischen Ansatz. Ein wesentlicher Punkt dabei ist allerdings, dass die Trilogos Methode bewusst die Konfrontation mit paranormalen Phänomenen fordert und fördert. Denn gerade durch das damit provozierte Staunen soll die betreffende Person eine Möglichkeit erhalten, über die eigenen Grenzen hinausschauend zu lernen. Dies wiederum ermöglicht, die eigenen Grenzen zu erkennen und – gegebenenfalls – zu erweitern und zu verändern (kreieren – diskreieren). Durch die Öffnung hin zum Transzendenten, Numinosen, Spirituellen werden die sicheren Ufer hin zum rational Beweisbaren bewusst verlassen. Dies eröffnet umso mehr die Möglichkeit, sich durch das Wahrgenommene auf die eigenen Glaubenssätze, emotionalen Prägungen und Gedanken-muster zu konzentrieren. Aus diesem Grund werden Übungen zur menschlichen Aura, zur Psychometrie wie auch zu sogenannten »Jenseits-Kontakten« bewusst in den Interventionsprozess der Trilogos Methode eingebaut. Nicht der Beweis, sondern der mögliche Nutzen solcher Erfahrungen steht dabei im Vordergrund.

Psi Kraft
Sammelbezeichnung für alle paranormalen Phänomene.

Psi, der dreiundzwanzigste Buchstabe des griechischen Alphabets und Stamm von Wörtern wie Psychologie oder psychisch, wurde zum Sammelbegriff für alles Außersinnliche und Übernatürliche, Mystische und Okkulte, das den Menschen fasziniert, aber auch erschreckt und oft in fassungsloses Staunen versetzt. Jeder, der an außersinnlicher Kommunikation interessiert ist, kann seine eigenen Fähigkeiten auf diesem Gebiet erproben und eine überzeugende Psi-Demonstration geben, denn es gibt ungezählte Wege, die zur Entfaltung telepathischer Fähigkeiten verhelfen.

Psi-Kräfte und ihre Auswirkungen sind auch abhängig von den Absichten, die hinter ihrer Verwendung liegen: Erlöste oder noch unerlöste Gedanken- und Gefühlswelten, die als Filter spiritueller Botschaften dienen sollen, erzeugen entsprechende Treffer- oder Fehlerquoten.

Seit geraumer Zeit stellt Psi auf manchen Gebieten ein wertvolles Hilfsmittel dar, etwa bei der medizinischen Diagnose, der Verbrechensaufklärung und der Steigerung der Lernfähigkeit, um nur einige Beispiele zu nennen.

Bei unserem Denken und Fühlen wirken Energieformen (Psi-Kräfte) mit, die bislang nicht registriert werden konnten. In alten Texten findet man eine Methodologie für eine Form des Denkens, die es ermöglicht, Zustände in der materiellen Welt zu verändern, also Energie zu manipulieren. In der Trilogos Methode können die entdeckten, individuellen Psi-Kräfte des Wahrnehmenden psychische Erlebnisse auslösen, die den Betroffenen vor allem in seiner Selbstreflexion und dadurch seiner Persönlichkeitsbildung sowie in der Bewusst-seinsforschung für seinen Alltag unterstützen. Parapsychologische Übungen (zum Beispiel Aura-Lesen oder Psychometrie), transpersonale Erfahrungen (in Kontakt mit Verstorbenen oder nichtinkarnierten Bewusstseinsimpulsen treten), die durch das Trilogos Training erlebt werden können, werden in der Trilogos Methode immer auch mit dem Wahrnehmenden selbst und mit seinem Leben in Beziehung gebracht.

Das Potenzial kann der seelisch-geistigen Entfaltungsmöglichkeit der Persönlichkeit (PsyQ) oder des Wahrnehmenden zum Vermittler von Psi-Kräften, zum »Medium« (Mental-Medium), also zum »Channeling« solcher Geschehnisse verhelfen, um in der Verbindung mit seinem höheren Selbst (PsyQ) und dem Göttlichen (SQ) sowie seinen paranormalen Kräften (Psi) sein eigenes Selbst und dadurch sein wahres Selbst durch Selbstreflexion (IQ+EQ) besser zu erforschen. Verborgene Anlagen können leichter befreit werden, Verdrängtes, von der Ganzheit Entferntes, Ent-Zweites »Diabolisches« (gr. diabellein = auseinandernehmen, entzweien) kann sich in Lichtvolles, Ganzheitliches wandeln – Selbsterkenntnis kann gewonnen und dadurch die menschliche Kompetenz, die »innere Reife«, individuell entwickelt werden.

Psyche, in der Trilogos Methode
Bewusste und unbewusste Vorgänge im Menschen, die mittels denken, fühlen, vertrauen/glauben können und den Kräften der Imagination,

Intuition und Inspiration individuell gebildet, trilogisch konstruiert werden können.

Psychometrie

Diagnostisches Verfahren zur Bestimmung der Charaktereigenschaften von nicht anwesenden oder anwesenden Menschen mithilfe von Gegenständen aus deren Besitz.

PsyK

Als PsyK werden in der Trilogos Methode Handlungsspielräume bezeichnet, über die der Mensch im Hier und Jetzt verfügt: die Kompetenz im Menschsein. Diese Handlungsspielräume werden im Alltag des Einzelnen oft als zu gering empfunden. Selbstauferlegter Druck (teilweise basierend auf frühkindlich erworbenen Glaubenssätzen) beeinflusst die menschliche Wahrnehmung. Belastende Situationen im Umfeld, wie Spannungen in Beziehungen, hohe Anforderungen in Ausbildung und Beruf u. v. a. m., können zu chronischem psychosozialem Stress und gesundheitlichen Störungen führen.

Mittels bewusster Wahrnehmungsschulung (Freude an der eigenen Kreativität, Bilderreisen, Symbolsprache usw.) wird es möglich, überholte Glaubenssätze wahrzunehmen und zu erkennen, die entsprechenden »Schatten« können transformiert, integriert werden. Vertrauen in die ureigenste Wahrheit kann zunehmend erlebt und gelebt werden – der Mensch handelt integer und weise. Ebenbürtigkeit in ihm und im anderen kann erkannt werden und somit friedensstiftend gewirkt werden als Ausdruck der immanenten menschlichen Kompetenz.

PsyK steht für die Kompetenz im Mitmensch-Sein oder die seelisch-geistige, innere Reife eines Menschen, die durch Trilogos Training immer bewusster und selbstverantwortlich gelebt werden kann. Der sinnliche Draht zur geistigen Welt zwischen dem Selbst, dem höheren und wahren Selbst kann gepflegt und freigelegt werden, die Lebenskraft kann immer freier fließen, Ich- und Selbstbilder rücken in ein neues Licht.

PsyQ

In der Trilogos Methode ist die persönlichkeitsbildende, menschliche Qualität, das schöpferische Potenzial eines Menschen, das sich zusammensetzt aus dem Intelligenzquotienten (IQ), dem emotionalen Quotienten (EQ) und spirituellen Quotienten (SQ) für die Persönlichkeitsbildung im Sinne der Trilogos Methode ganzheitlich verantwortlich. Die Formel zeigt den Prozess einer lebenslangen Entwicklung auf. Sowohl in der entwicklungs-psychologischen als auch in der sozialisationstheoretischen Reflexion wird die Individuum- Umwelt-Auseinandersetzung als aktiver und bewusster Prozess des Einzelnen gesehen. Dieses fortwährende Zusammenspiel intrapsychischer Reifungsvorgänge und äußerer sozialer Anforderungen ergibt die Gestaltungsmöglichkeiten der eigenen Entwicklungs-bedingungen. Über die Lebensspanne interagieren dabei IQ+EQ+SQ in ihrer Vernetztheit. Das Potenzial der Möglichkeiten (PsyQ) ist dabei mehr als die Summe seiner Teile. PsyQ, die psychodynamische, psychospirituelle Intelligenz, entwickelt sich.

PsyQ to PsyK, Vom

Zu wissen, dass der Mensch über einen IQ wie auch über einen EQ und einen SQ – also einen PsyQ – verfügt, heißt noch lange nicht, dass er sein emotionales, mentales wie auch spirituelles Bewusstsein schon entwickelt hat. Der sinnliche Draht zur geistigen Welt, die persönliche Wahrnehmung oder die seelisch-geistigen Anlagen eines jeden machen es möglich, in Kontakt mit der inneren Stimme zu treten: je nach Anlagen, Talent, Zeit und Bildungsniveau. Wird dieses Potenzial entfaltet, entwickelt sich ein Mensch mehr und mehr in seinem Menschsein – und so erwirbt er auch Kompetenz im Menschsein (PsyK), die sich an ethischen Werten und dem sozialen Miteinander ausrichtet. Es handelt sich hier also um einen Prozess der Bewusstseinsentwicklung und -schulung, der auch das wesentliche Ziel der »großen Kette des Seins ist«: sich nach der geistigen Welt des Wahren, des Guten und des Schönen aufsteigend zu richten und zugleich in die sinnliche, materielle Welt durch Weisheit und Gutheit absteigend zu strahlen und zu wirken. Vgl. »Die große Kette des Seins: Spiritualität von der Prämoderne zur Postmoderne«, S. 37 von Luu Hong Khan, in: Linda Roethlisberger (Hg.), Der Flug des Quantenschmetterlings – Impulse zur Verantwortung des Einzelnen für das Ganze, Via Nova Verlag, Petersberg 2000.

Reinkarnation

Wiedergeburt in einem anderen physischen Körper oder einer anderen Seinsform.

Schöpferkraft

Die universelle Schöpferkraft durchströmt, nährt und speist auch die Menschen. Die menschliche individuelle Schöpferkraft (SQ) wird als Götterfunke wahrgenommen, aus dem heraus das wahre und somit höhere Selbst in Bezug zum Selbst die Ichkraft stärkt, Schattiges ständig in Lichtvolles transformiert und entsprechend ermöglicht, zum Schmied des eigenen Glücks zu werden.

Seele

Die Seele ist der Inbegriff der bewussten und unbewussten inneren Vorgänge, vorgestellt als Lebensstrom oder -kraft oder Träger des Lebens. Aristoteles unterschied die vegetative (Wachstums-), die sensitive (wahrnehmende und erinnernde) Seele von der denkenden Geistseele. Die wissenschaftliche Erforschung des Seelenlebens ist Aufgabe der Psychologie.

Silberschnur

Feinstoffliche »Nabelschnur« oder Verbindung zwischen den verschiedenen Bewusstseinsebenen; bei Astralreisen kann der Reisende mittels der Silberschnur wieder in seinen Körper zurückkehren.

Spiritualität

Die geistige Suche nach dem Sinn und Ziel des Lebens; Spiritualität strebt die geistige Anerkennung des Seins an.

Spiritual Kompetenz (SK)

In der Trilogos Methode bedeutet Spirituelle Kompetenz die Gewissheit des selbst-verantwortlichen »Ich weiß, dass ich glauben, lieben, hoffen und dadurch mich trauen und vertrauen kann«. Diese Gewissheit erlangt der Übende durch den individuellen PsyQ, durch das aktive Mit-Schöpfer-, Mit-Gestalter- und Mit-Mensch-Sein.

Spiritueller Quotient (SQ)
Die Verbindung mit der schöpferischen Urkraft, das geistige Gewahrsein, das »Sichverbunden-Fühlen und -Wissen« mit dem höchsten Bewusstsein (das unter anderem auch als Gott, Allah, Atman, Nichts oder Alles bezeichnet werden kann). In der Trilogos Methode steht der SQ für »Ich glaube und vertraue«: Durch gezielte transpersonale und parapsychologische (mental-mediale) Übungen kann der Trainierende mithilfe seines IQ (»Ich denke«) und seines EQ (»Ich fühle«) seine Psi-Kraft und dadurch seine Intuition erfahren. Daraus entwickelt sich sein Potenzial des Glaubens (SQ).

SQ wird in der Trilogos Methode bewusst mit dem EQ verbunden. Der IQ kommt dann zum Einsatz, wenn es z. B. um die Interpretation von tiefenpsychologischen, transpersonalen und/ oder parapsychologischen Erfahrungen geht.

Symbole
Ein Symbol (gr. symbollein = zusammenwerfen, -treffen) ist ein Zeichen oder Gegenstand, der einen tieferen Sinn ausdrückt. Auch der Begriff Sinnbild wird im Allgemeinen für Bedeutungsträger (Zeichen, Wörter, Gegenstände, Vorgänge etc.) verwendet, die eine Vorstellung von etwas bezeichnen, das nicht gegenwärtig sein muss.

In der Trilogos Methode werden die erträumten Symbole zu einem anderen Menschen und/oder zu sich selbst in Bezug zum praktischen Alltag gebracht und mittels verschiedener Techniken wie Assoziation gedeutet. Im Trilogos Training sind Symbole innere und äußere Zeichen auf dem Weg des Achtsamen. Sie dienen als Hilfsmittel, zum intuitiven Erfassen, zur einigenden Erkenntnis, um in voller Selbstverantwortung schöpferisch tätig zu sein.

Symbolische Kommunikation
Freies Assoziieren sowie die Auseinandersetzung mit der Symbolsprache, verknüpft mit verschiedenen inneren und äußeren Bewusstseinsebenen im Bezug zum praktischen Alltag. Die Entwicklung des sinnlichen Drahts zur geistigen Welt – das ABC der Trilogischen Medialität oder die Kommunikation mit der inneren Stimme und so die Trilogos Methode in

Theorie und Praxis – ermöglicht das Erlernen der Symbolsprache für alle Interessierten.

Telepathie

Gedankenübertragung als außer- und/oder innersinnliche Wahrnehmung, umgangssprachlich auch als Gedankenlesen bezeichnet. Psychologen sprechen von transpersonaler Kommunikation.

Transpersonale Psychologie

In der transpersonalen Psychologie sowie in der darauf basierenden transpersonalen Psychotherapie wird die klassische Psychologie bzw. Psychotherapie mit philosophischen, religiösen und spirituellen Elementen ergänzt. Die transpersonale Psychologie beschäftigt sich mit Erfahrungen, die über die persönliche Ebene hinausgehen (trans). Hierzu zählen bestimmte Bewusstseinserweiterungen, übersinnliche Erlebnisse, mitunter auch Irrationales, Mystisches, Spirituelles, Religiöses und Transzendentes. Der Begriff wurde von Vertretern der humanistischen Psychologie in den Sechzigerjahren des vorigen Jahrhunderts geprägt. Zuerst wurde von »transhumanistisch« gesprochen, es setzte sich aber letztlich der Begriff »transpersonal« durch. Als Begründer und Vertreter der transpersonalen Psychologie gelten u. a. Stanislav Grof, Anthony Sutich, Frances Vaughan, Roger Walsh, Abraham Maslow, Ronald D. Laing, Charles Tart, Roberto Assagioli, Ken Wilber. Auch wurden Elemente der Ansätze von C. G. Jung, Viktor Frankl sowie Karlfried Graf Dürkheim in die transpersonale Psychologie integriert.

Transzendental

Ein schon in der Scholastik verwendeter Begriff, der aber erst durch Immanuel Kant Bedeutung bekam. Transzendental ist nicht das über alle Erfahrung Hinausgehende, sondern das ihr Vorhergehende und die Erfahrung erst Ermöglichende.

TRILOGOS

Linda Vera Roethlisberger gründete 1990 als Einzelfirma das weltanschaulich unabhängige interkulturelle und transkonfessionelle Institut TRILOGOS für Persönlichkeits- und Bewusstseinsschulung in Küsnacht/ Zürich. 1999 wurde das Institut als GmbH registriert. Als Beraterin,

Coach (spirituell-psychologisch, medial) und Schulleiterin wirkt und befasst sie sich mit dem Aufbau, der Leitung und der Schulung ihres Modells, der »Trilogischen Medialität«, nach der von ihr entwickelten Methode des PsyQ in Theorie und Praxis. 2012 wird TRILOGOS zur Stiftung. Die Stiftung hat es sich zum Ziel gesetzt, das Bewusstsein für die Bedeutung der Persönlichkeitsentwicklung und deren Auswirkung auf das Zusammenleben und die Entwicklung der Gesellschaft zu fördern. Die Stiftung ist konfessionell neutral. Sie ist parteipolitisch nicht gebunden. Sie ist selbstlos tätig und verfolgt ausschließlich, unmittelbar und transparent gemeinnützige Zwecke: www.trilogos.ch

Trilogos®Methode
Die Trilogos®Methode in Theorie und Praxis ist im Wesentlichen eine Methode zur Persönlichkeits- und Bewusstseinsschulung. Die Wahrnehmungsschulung als spiritueller Individuationsweg bietet eine essenzielle Auseinandersetzung mit der persönlichen Existenz: Wichtige Ressourcen zur Persönlichkeits- und Charakterbildung können dabei entdeckt und genutzt werden – ein sinn- und werterfülltes Leben in innerer Zufriedenheit für sich und dadurch für die anderen bleibt das Ziel.

Zentral bei dieser Methode ist, dass sie emotionale Intelligenz (EQ), rationale bzw. mentale Intelligenz (IQ) sowie spirituelle Intelligenz (SQ) miteinander verbindet und durch diese Verbindung eine integral emergente Intelligenz zum Vorschein tritt: PsyQ – die psycho-spirituelle Intelligenz, die Qualität im Menschsein.

Unbewusstes/Unterbewusstes
Das Unbewusste/Unterbewusstsein ist der Bereich der Psyche, der nicht der bewussten Wahrnehmung unterliegt. Es sind oft schwer zugängliche Schätze (Schatten oder Verdrängungen, wie auch ungelebte Talente), die verborgen in Form von Liebe, Frieden und Freude, Weisheit, Kreativität und Energie darauf warten, entdeckt und genutzt zu werden.

Verstand
Verstand bezeichnet in der Philosophie das Vermögen, Begriffe zu bilden und diese zu Urteilen zu verbinden. Die heutige Verwendung des Wortes wurde maßgeblich von Immanuel Kant geprägt, der dem Verstand

häufig die Vernunft gegenüberstellt, ihn aber auch von der Wahrnehmung unterscheidet. Der Trilogos-Praktiker bemüht sich, die Wahrnehmung dessen, was für den wahrnehmenden Menschen »wahr« oder »stimmig« ist, mittels seines Verstandes in einen vernünftigen Realbezug zu bringen. Es ist der sechste und siebte Sinn des Menschen, der die fünf Sinne in eine gemeinsame Welt einfügt und dadurch dem Denkvermögen und dem Bedürfnis der Vernunft eine neue Dimension seines Verstandes einräumt (gesunder Menschenverstand).

Visualisation
Technik, sich etwas Geistiges bildlich vorzustellen und über längere Zeit bewusst zu machen.

Vorsehung
Eine übernatürliche Macht, die dem Lauf der Dinge meist eine positive Wendung gibt und sich damit vom Schicksal unterscheidet, das sich sowohl günstig als auch ungünstig auswirken kann.

Wahrnehmung
Subjektive Wahrnehmungen sind macht- und kraftvoll, wenn der Mensch in der Lage ist, zu entscheiden, was für ihn »wahr«, »stimmig« ist und was er glaubt, fühlt und denkt und worauf er vertraut. Auf dieser Grundlage konstruiert er seine individuelle Wirklichkeit, geht aber davon aus, dass andere Menschen selbstverständlich die Welt so wahrnehmen wie er. So individuell wie seine Kindheitserfahrungen sich gestaltet haben, so individuell und vielfältig sind auch seine Bedeutungszuschreibungen auf die Dinge der Welt.

Das Gehirn kann den Menschen in Bezug auf seine Wahrnehmungen täuschen. Die Trilogos Methode als Wahrnehmungsschulung möge als Hilfsmittel dienen und motivieren zur unabhängigen Selbsteinschätzung der eigenen Wahrnehmung und Intuition in Bezug zum Alltag.

Ziele der Trilogos Methode
Der sinnliche Draht zur geistigen Welt und der Kontakt mit der inneren
Stimme in Bezug zum praktischen Alltag

- Gedanken- und Gefühlssicherheit entwickeln

- Selbstvertrauen fördern und stärken

- Vertrauen in die innere Stimme, Vertrauen in die inneren Ressourcen
  und in sich selbst stärken

- Das tägliche Leben (Gesundheit, Beziehungen, Beruf) ganzheitlich
  gestalten

- Stabilität, Ausgeglichenheit und Unabhängigkeit leben lernen

- Entscheidungsfindung fördern

- Intuitionstraining

- Verantwortungsbewusstsein stärken – persönliche Kompetenz bilden

- Erkennen, dass wir die Welt durch unseren IQ+EQ+SQ mitgestalten

- Kommunikationsfähigkeit fördern, innerlich Wahrgenommenes zum
  Ausdruck bringen

- Supervision der eigenen Selbsteinschätzung

- Individuation – Integration – Kooperation

- Entwicklung vom Mit-Schöpfer zum Mit-Gestalter und somit zum
  Mit-Menschen mittels Empathie als Autodidakt

- Innere Friedensarbeit, die zum Frieden im Äußeren führt: Impulse
  zur Verantwortung des Einzelnen für das Ganze.

Danksagung

Ganz herzlich danken möchte ich an dieser Stelle all den vielen Men-
schen und Freunden, die mich vor und während des Entstehens dieses
Buches auf ihre Art und Weise unterstützt haben. Ihnen allen sei diese
Reihe gewidmet.

In Dankbarkeit

Linda Vera Roethlisberger

Die Autorin

 Linda Vera Roethlisberger, 1956 in Bern geboren, arbeitete nach ihrem Abschluss an der Pädagogischen Hochschule in Bern als Lehrerin. Nach einem Schlüsselerlebnis erforschte, schulte und entwickelte sie ihre medialen Fähigkeiten, wie unter anderem das Aurasehen und die Wahrnehmung von Erinnerungen an »Verstorbene«. Ihr großes Interesse an Philosophie, Psychologie, Pädagogik und Grenzwissenschaften ließ in ihr den Wunsch wachsen, anderen Menschen ganzheitlich zu helfen sowie ein Konzept zu entwickeln, das allen Interessierten eine grundlegende Entfaltung des PsyQ durch einen schulischen Lehrgang ermöglicht.

Aus der konsequenten Selbstanalyse, Weiterbildungen im therapeutischen Bereich und in Zusammenarbeit mit den unterschiedlichsten Menschen aus naturwissenschaftlichen, geisteswissenschaftlichen und grenzwissenschaftlichen Bereichen wurde aus ihrer Berufung 1986 ihr jetziger Beruf als Beraterin, Künstlerin und Lehrerin.

1990 gründete sie in Küsnacht bei Zürich das TRILOGOS, ein weltanschaulich unabhängiges Institut für Persönlichkeits- und Bewusstseinsschulung. Ein komplettes Ausbildungskonzept für die Entfaltung und Schulung der seelisch-geistigen Anlagen entstand: Aufbau und Vermittlung der Trilogos Methode in Theorie und Praxis während 22 Jahren. Im Sommer 2012 errichtete sie die TRILOGOS Stiftung.

TRILOGOS Stiftung

Linda Vera Roethlisberger gründete die gemeinnützige Trilogos Stiftung aus der Erkenntnis heraus, dass die Persönlichkeitsbildung und -entwicklung des Einzelnen nicht nur eine zentrale Rolle für dessen Wohlbefinden hat, sondern darüber hinaus zur gesellschaftlichen Weiterentwicklung beiträgt.

Die TRILOGOS Stiftung will eine Forschungs-, Ausbildungs-, Diskussions- und Austauschplattform für Menschen sein, die an Ganzheitlichkeit und neuen Lebenskonzepten interessiert sind – die Menschen im Mensch-sein unterstützen.

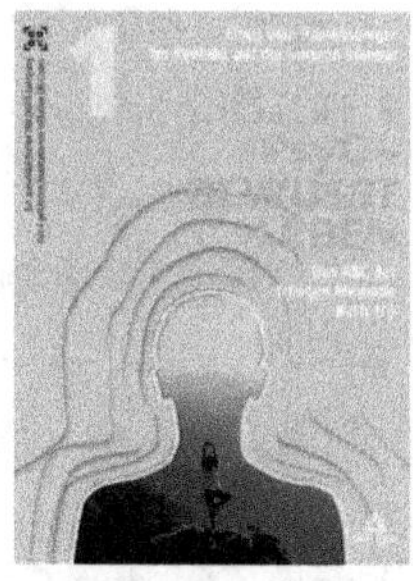

Buch 1

Softcover   ISBN 978-3-384-09083-6
eBook   ISBN 978-3-384-09084-3

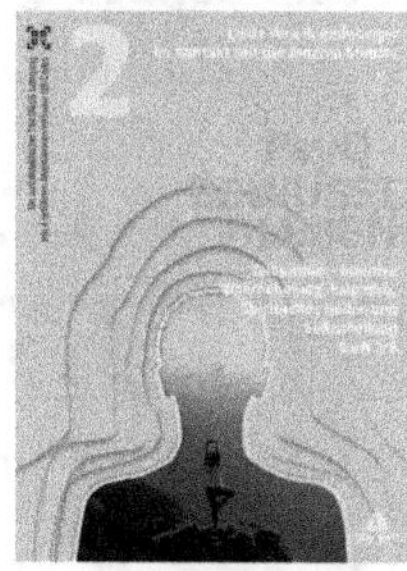

Buch 2

Softcover   ISBN 978-3-384-16668-5
eBook   ISBN 978-3-384-16669-2

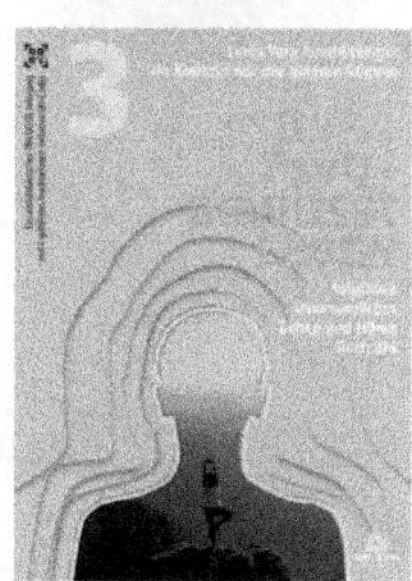

Buch 3

Softcover   ISBN 978-3-384-16670-8
eBook   ISBN 978-3-384-16671-5

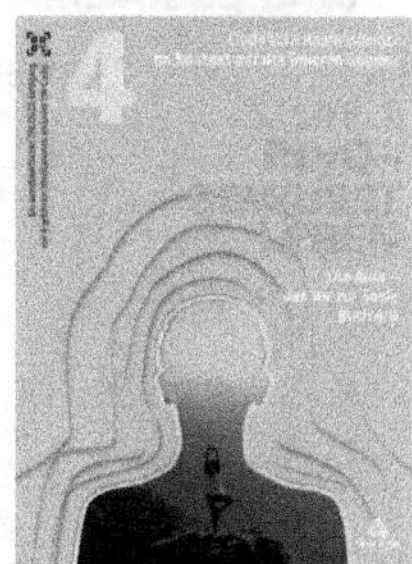

Buch 4

Softcover   ISBN 978-3-384-16672-2
eBook   ISBN 978-3-384-16673-9

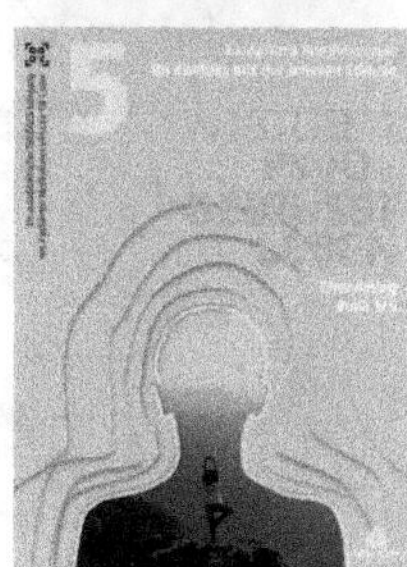

Buch 5

Softcover   ISBN 978-3-384-16674-6
eBook   ISBN 978-3-384-16675-3

Jeder Mensch birgt in sich die Ressourcen, um ein glückliches und sinnerfülltes Leben zu führen. Der Speicher des Unbewussten, eine empathische Beziehung zu anderen Menschen sowie der Umwelt und nicht zuletzt die Anbindung an transpersonale Ebenen bilden das Potenzial jedes Einzelnen. Die Trilogos Methode beinhaltet Techniken der Tiefenentspannung, der Meditation, der geführten Phantasiereisen und bindet darüber hinaus auch den SQ, die Spiritualität des Menschen, in Kooperation mit dem EQ, den Gefühlen, mit ein, um das »feu sacré« sowie dieses Potenzial zu erschließen.

Im Zentrum der Stufe 2 dieses autodidaktischen Lehrgangs steht die kreative Nutzung dieses Potenzials und somit die Entwicklung des PsyQ in Richtung PsyK, der Kompetenz im Menschsein. Dementsprechend steht die Kreativität, die Mit-Schöpfer- und Mit-Gestalterkraft des Menschen im Vordergrund. Da alles Leben auf denselben Ursprung zurückgeht, trägt auch jeder Mensch die schöpferischen Kräfte von Anbeginn aller Zeiten in sich. Um diese frei werden zu lassen, gilt es, tiefer einzutauchen in die Arbeit an sich selbst und die eigenen Ressourcen, Erkenntnisse zu bergen und diese im Leben weise einzusetzen. Kreative Impulse schaffen neue, frische Sichtweisen auf das Leben, sie sind der Anstoß zur Veränderung hin zu einem wahrhaft erfüllten Leben.

In den 6 Büchern dieses Lehrgangs erweitern Sie Ihr Wissen über Ihr wahres Selbst, erlangen ein Verständnis der Psychosomatik und vieles mehr. Sie arbeiten an der Integration Ihres Schattens und Ihrer bislang ungenutzten Talente weiter und erlangen eine neue Standfestigkeit in Ihrem täglichen Leben, das sich wie der Planet Erde selbst als Lernaufgabe präsentiert. Ihr Ur-Vertrauen kann weiter heilen und kraftvoll Ihr persönliches Selbstvertrauen nähren und stabilisieren.

Lernen Sie die Kräfte der Welt, die eigene Kreativität und Gestalterkraft kennen und zu nutzen. Denn: Glück und Frieden beginnen damit, sich jeden Tag des Lebens um seinen Körper und Geist zu kümmern. Die Kraft Ihrer Seele unterstützt Sie in diesem lebenslangen Prozess. Nur was Sie in sich verwirklichen, tragen Sie hinaus in die Welt. Der Mensch ist ein soziales Wesen: In den Beziehungen zu anderen und seiner Umwelt erfährt er die ganze Skala an Gefühlen von Liebe bis hin zu Hass (EQ), im Austausch mit anderen die kreative wie auch zerstörerische Kraft des Verstandes (IQ), und in der universellen Verbundenheit die ureigenste Spiritualität (SQ).

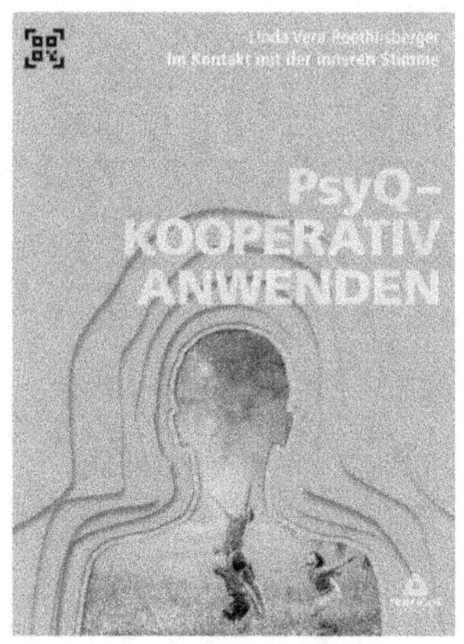

Wer ganzheitlich mit den Werkzeugen der Trilogos®Methode an sich arbeitet, entwickelt ein tieferes Verständnis für sich selbst und dadurch für seine Mitmenschen. Er lernt, sein wahres Potenzial auf der Basis seines Intellekts, seiner Gefühle und seiner Spiritualität als Ressource zu entdecken, daraus zu schöpfen und sich darüber hinausgehend zu entfalten.

Menschliche Kompetenz (PsyK) gründet auf der Erkenntnis des Ich, der Individuation, Authentizität und Wahrhaftigkeit und bewegt sich über das Du hin zum Wir: kooperativ, empathisch, universell.

Jede Veränderung im Außen beginnt mit einer Veränderung in uns selbst. Wer verantwortlich leben möchte, ist gefordert, immer wieder neu tiefenpsychologisch an sich zu arbeiten. Diese Arbeit gestaltet sich mit der Trilogos Methode in spiralförmiger Richtung: Lernaufgaben werden aus neuen Perspektiven angegangen – intuitiv, imaginativ, inspirativ. Aus der Anbindung an die transpersonale Ebene wächst Urvertrauen, das eine intrapersönliche Heilung des Selbstbildes ermöglicht. In diesem Sinne mündet die ureigene Spiritualität des Menschen in ein gesteigertes Selbstvertrauen, das sich in verbindlichem und verantwortungsvollem Handeln Ausdruck verschafft.

Entsprechend befassen sich die 6 Bücher dieses autodidaktischen Lehrgangs der Stufe 3 mit den Glaubenssätzen, Prägungen und Mustern des Einzelnen, mit Urteilen, Vorurteilen und Wertungen, der Persönlichkeits-, Bewusstseins- und Wissensbildung und somit dem Gewissen des Menschen. Begleitet von dem Dreigestirn Glaube-Liebe-Hoffnung gestaltet sich der Weg vom Individuum zur Integration und Kooperation: zum wahren Mit-Menschen, dem Hoffnungsträger für ein friedvolles Miteinander in gegenseitigem Respekt und kooperativer, heilender Hinwendung.

Weitere Publikationen finden Sie auf
www.trilogos.ch
www.trilogos.ch/de/publikationen

Notizen